令和版

栃木 群馬「いい川」渓流

ヤマメ・イワナ釣

書籍編集部　編

つり人社

目次

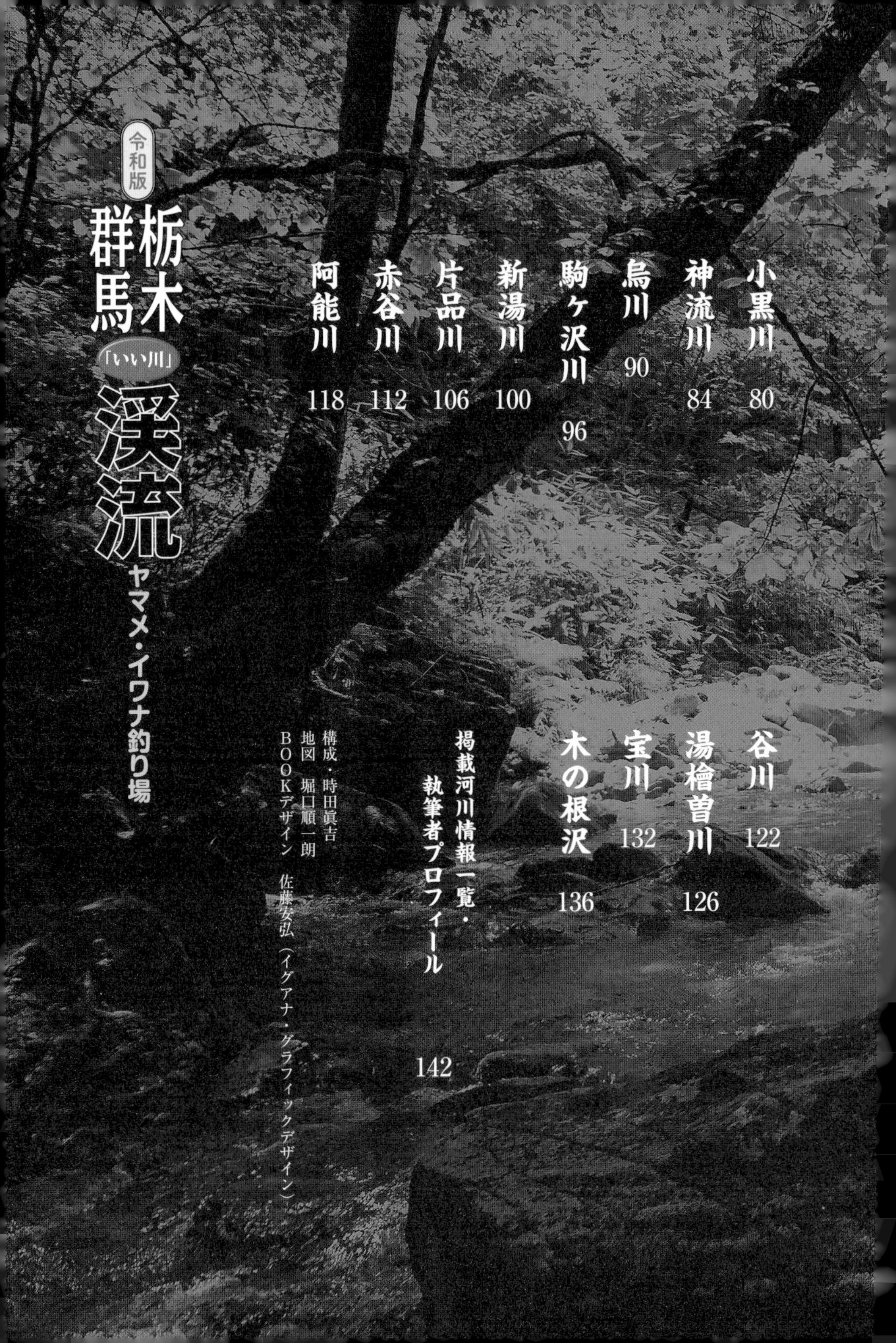

構成・時田眞吉
地図　堀口順一朗
BOOKデザイン　佐藤安弘（イグアナ・グラフィックデザイン）

令和版

栃木 群馬「いい川」渓流 ヤマメ・イワナ釣り場

はじめに―本書について

　本書は釣り人による、釣り人のための渓流釣り場ガイドブックです。エサ、ルアー、テンカラ、フライとスタイルを問わず、渓流釣りと自然を愛する方々にご協力をいただき、一冊にまとめました。末永く渓流釣りを楽しめるように、ルールを守り節度のある釣りを心がけましょう。

　なお今回の「令和版」収載河川は、前作と同一のものも含めて新たに取材をしております。

【釣り場】　一般的な渓流、本流のほか、最終集落以遠の源流域も含みます。本文解説や写真から己の技量に適した河川を選び、安全な釣行を心がけてください。

【対象魚】　ヤマメ、アマゴ、イワナのほか、ニジマス等の記述もあります。

【情報】　本文、インフォメーション等の各情報は、基本的に2020年10月までのものです。現状を保証するものではなく、解禁期間、遊漁料、漁業協同組合、釣具店、遊漁券取扱所等の各情報は、その後変更されている可能性があります（解禁日が「第●土曜」等で設定されている場合、年によって日にちが変わります）。同様に、釣り場の状況も同じとは限りません。釣行の際は必ず事前に現地の最新情報をご確認ください。また、現地で本書に記載外の禁漁・禁止行為等を示す標識などがあった場合にはその指示を遵守してください。

【地図】　各河川にはアクセス図と釣り場河川図を掲載しました（縮尺は一定ではありません）。アクセス図の交通は、基本的に最寄りの高速道路ICを基点にしています。河川図は基本的に北を上に製作していますが、異なる場合もあります。アクセス図、河川図とも東西南北は方位記号をご参照ください。また、地図上に記された駐車スペースの多くは、本文内の記述と合わせて、あくまで1つの目安としてお考えください。

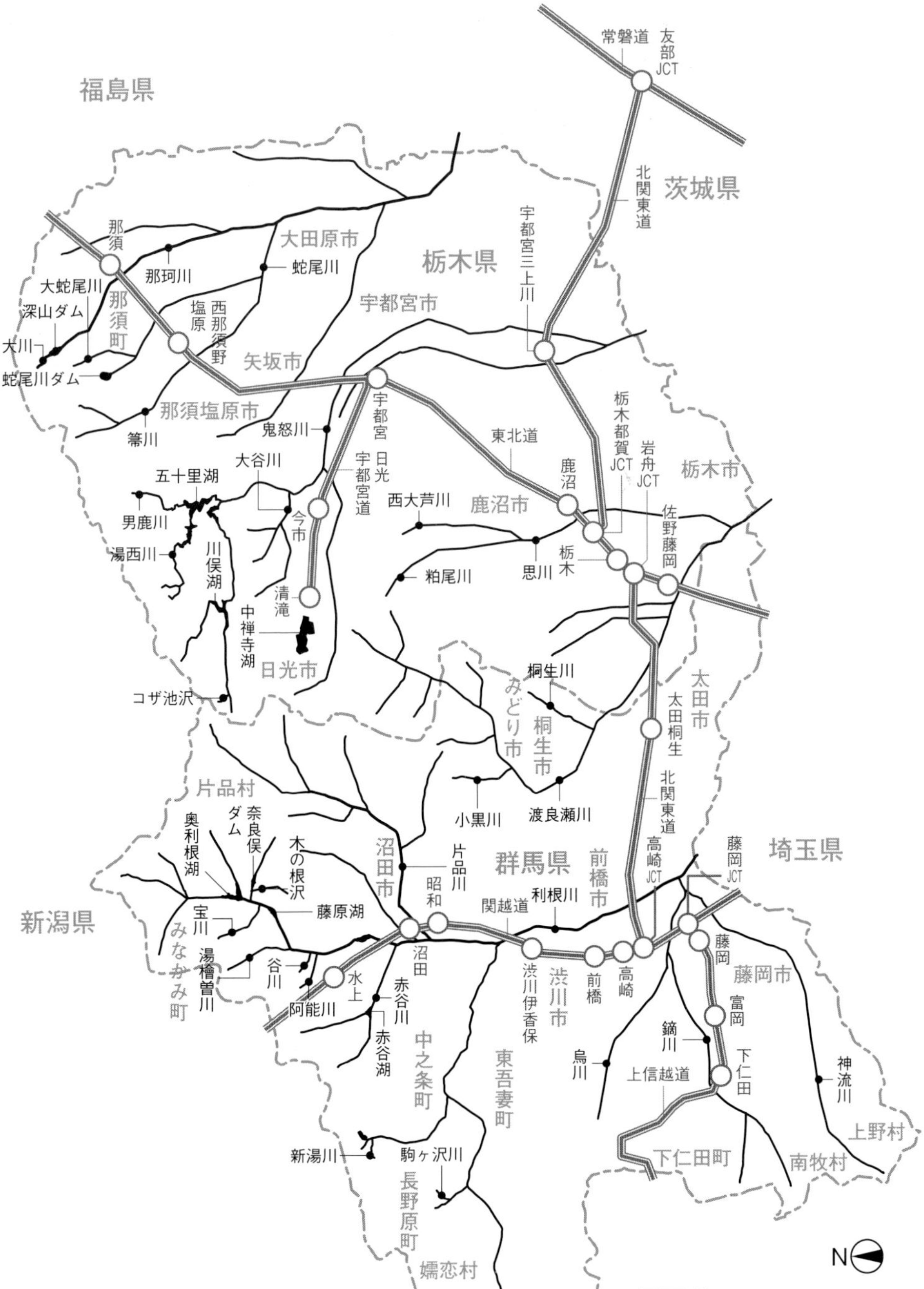
福島県
茨城県
栃木県
群馬県
新潟県
埼玉県
長野県
常磐道
友部JCT
北関東道
宇都宮上三川
大田原市
宇都宮市
那須
那須町
那珂川
蛇尾川
大蛇尾川
深山ダム
大川
蛇尾川ダム
西那須野塩原
矢坂市
那須塩原市
箒川
鬼怒川
宇都宮
日光宇都宮道
東北道
栃木都賀JCT
岩舟JCT
栃木市
鹿沼
鹿沼市
西大芦川
思川
栃木
佐野藤岡
粕尾川
大谷川
五十里湖
男鹿川
湯西川
川俣湖
今市
清滝
中禅寺湖
日光市
コザ池沢
桐生川
みどり市
桐生市
太田市
太田桐生
小黒川
渡良瀬川
片品村
奥利根湖
奈良俣ダム
木の根沢
藤原湖
宝川
みなかみ町
湯檜曽川
谷川
阿能川
水上
沼田市
片品川
沼田
昭和
関越道
利根川
前橋市
高崎JCT
藤岡JCT
渋川伊香保
渋川市
前橋
高崎
藤岡
藤岡市
富岡
赤谷川
赤谷湖
中之条町
東吾妻町
烏川
鏑川
上信越道
下仁田
神流川
上野村
下仁田町
南牧村
新湯川
駒ヶ沢川
長野原町
嬬恋村
N

那珂川水系

大《おお》川

日帰り釣行も可能な人気の源流域
深山湖から遡上する大イワナも期待

5番～6番橋間の流れ。源流の雰囲気になり、大川のなかでも魚影の多い区間だ

大川は那珂川の源流で男鹿岳（標高1777m）東北面に発し、約10㎞の流程で深山湖に注ぎ込み那珂川と名を変える山岳渓流である。上流には民家がないので透明度が高い美しい流れを集める。

アプローチは那須ICから板室温泉、深山ダムを目差し、ダムの上を渡り上流に向かうと約15分で車止に到着。駐車スペースは10台程度。大川に沿って源頭まで林道があるので入渓はしやすく、納竿帰りの疲れた身体には助かる。そのせいか釣り人は多く入渓場所には気を使う。また渓魚もスレ気味の感じはするが、反応はよいので初心者でも楽しめる。

対象魚は下流域がヤマメとイワナ、第三堰堤からはイワナになる。川も開けているのでエサ、毛バリ釣りどちらでも思い切りサオを振れる。

解禁は3月1日だが雪の多い年は林道歩きに苦労する（禁漁は9月20日より）。また、クマはもちろんサルも多い。サルに会った時はサルと目を合わせないように気を付けよう。

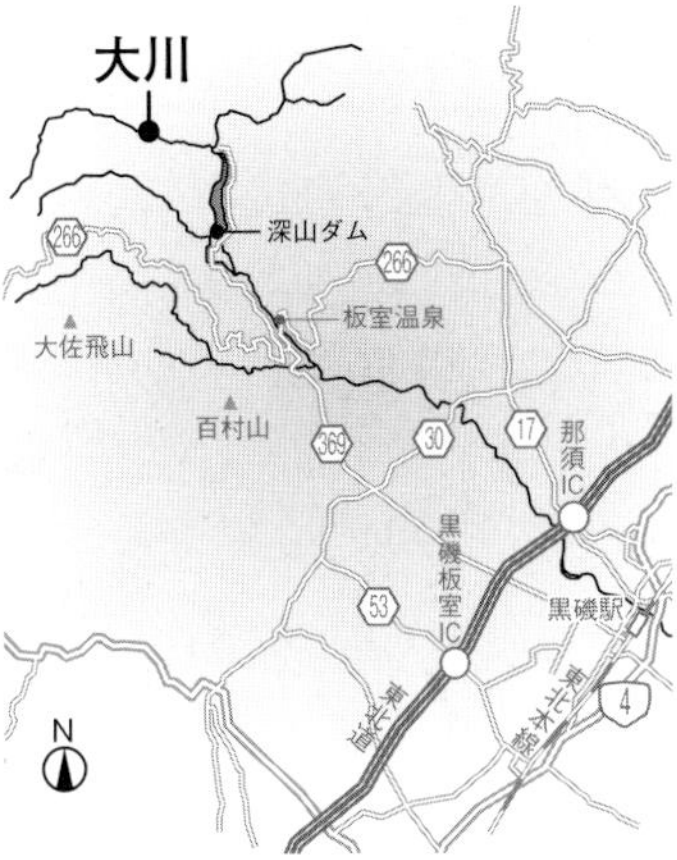

information

●河川名　那珂川水系大川
●釣り場位置　栃木県那須塩原市
●主な対象魚　ヤマメ　イワナ
●解禁期間　3月1日～9月19日
●遊漁料　日釣券 1500円・
年券 7000円
●管轄漁協　那珂川北部漁協協同組合
（Tel0287-54-0002）
●最寄の遊漁券発売所　セブンイレブン那須塩原木綿畑店（Tel0287-68-1175）、那須フィッシュランド（Tel0287-69-0009）、つり具の上州屋新西那須野店（Tel0287-36-7541）、ほかにも付近のコンビニで取り扱いあり
●交通　東北自動車道・黒磯板室IC、または那須ICを降り県道369号を板室温泉方面に向かい、深山ダムを渡って車道終点が車止

●ダム遡上のジャンボイワナも期待

大川には、車止の先が通行禁止となるため、車止から三斗小屋温泉に向かう林道を5分くらい歩いてまず湯川に降り、湯川を少し下ると大川に合流する。ちなみに湯川は温泉の影響で水質が悪いので、温泉水が薄まる下流域か枝沢が釣りの対象になる。

大川に出ると、大石が連なるよいポイントが現われワクワクしてくる。深山湖から遡上するジャンボイワナが釣れる可能性もあるので丹念に探りたい。

本流は大きな堰堤を2つ越えると左岸から刑部沢が流れ込む。刑部沢は最初の堰堤まで入ってみよう。筆者はこの堰堤で40cmクラスのイワナを目撃した経験がある。深山湖産かと思えるが、大きな堰堤が2つあるので居着きかもしれない。堰堤から上は刑部沢とコブキ沢に分かれるが、どちらも砂防堰堤の連続で釣欲がなくなる。大川本流には刑部沢右岸の道から戻ることができる。

2番目の橋からは平瀬が続き30分

深山橋上流は大石が連なる流れだ

刑部沢に入って最初の堰堤。大型のイワナが潜んでいる

6番～7番橋間の流れを望む。大きなポイントは少なくなるが、小さな変化を探ってみたい

白点も鮮やかな大川のイワナ

くらい釣り上がると、瀬と落ち込みがよい具合に出てきて、小型に混じり良型が釣れるようになる。

3番目の橋からは瀬、淵ありの変化に富んだ渓相が続き釣欲をかき立てられるが、ゲートから歩いて1時間程度と入渓しやすいせいか思いのほか釣り人が多く、アタリが少なくなる。

●4番目の橋以遠は魚影の多い源流相

堰堤を越え4番目の橋が出てくると源流の雰囲気になり、大川のなかでも魚影の多い区間だ。良型も期待できるので慎重に釣りたい。ここまではゲートから釣り上がると丸々一日の行程なので、これより上を釣る場合は5番目の橋まで歩いてから上流に向かうとよい。またキャンプ釣行も楽しく、仲間と酒を飲みながらの釣り談義も一興。あるいは独り渓で過ごすのも乙なものだ。テン場は林道に設営すれば安全でいくらでもある。

6番目の橋からはすぐに堰堤、とりあえずサオをだすが釣れたことがない。しばらくは平瀬と落ち込みが続きまた堰堤

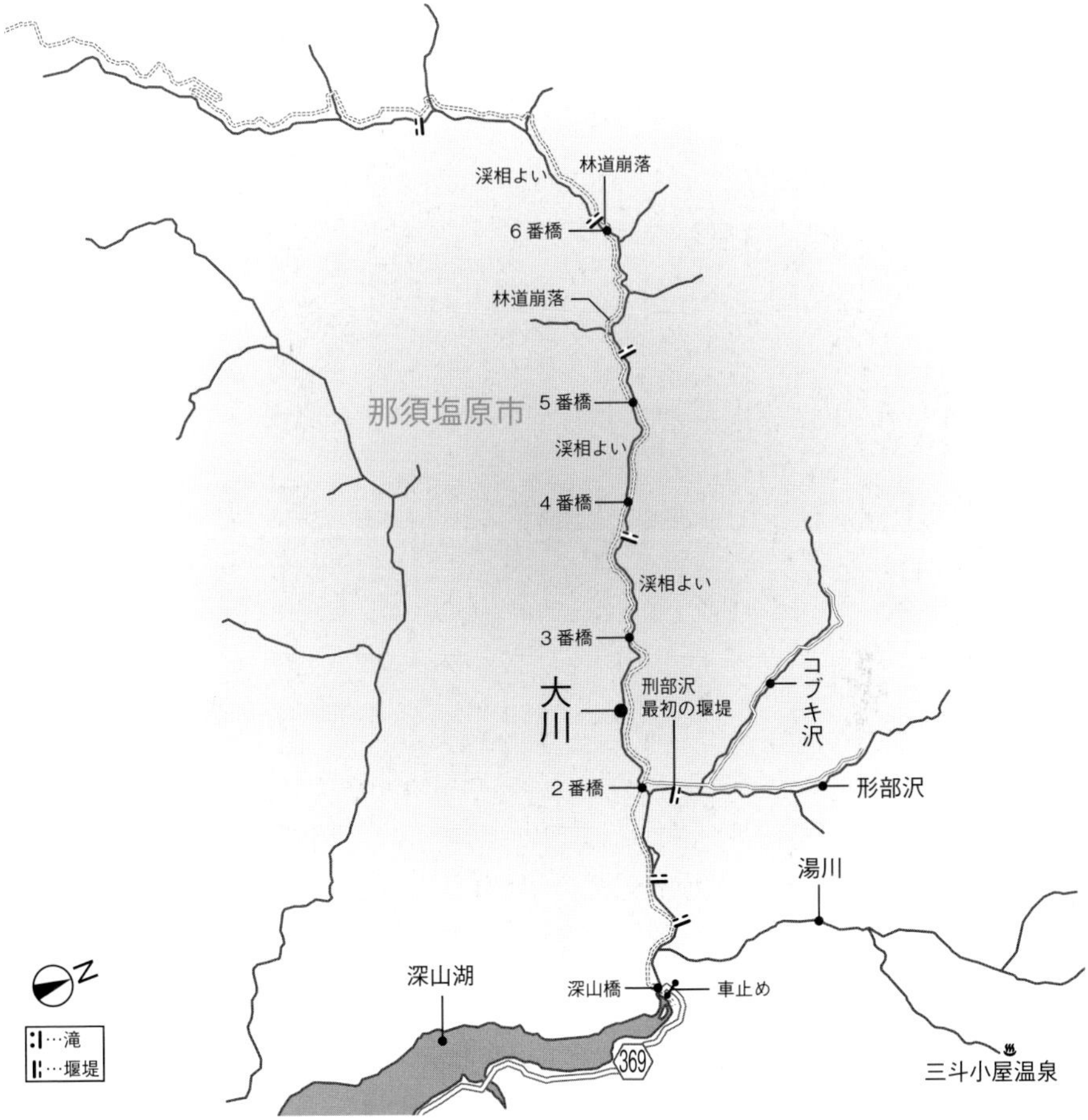

が現われる、大きなポイントは少なくなるが、小さな流れが変化している所も見逃さないようにしよう。この辺りまで来ると何尾か釣れて満足するだろう。

地形図には左岸側に小さい沢が５本入っているが釣りの対象にはならない。種沢なので入渓は控えるようにしよう。

大川は都心からのアクセスがよく、さらに流程が長く林道が上流まで沿ってい てどこからでも入渓しやすいためか、釣り人は比較的多め。トラブルにならないようにしたい。

釣りの後に楽しみな温泉は、開湯９００年の歴史を持つ板室温泉が便利だ。日帰り温泉施設や温泉宿の日帰り入浴があり、アルカリ性単純温泉で、古来より神経痛、リウマチ、高血圧、かっけ、脊髄病に効果があり冷えた身体を温めてくれる。

（斉田）

那珂川水系

箒川《ほうき》

ビギナーからベテランまで楽しめる多彩に管理された釣り場 ルアー&フライエリアのある上流・塩原漁協管轄内を紹介

古町県営駐車場前の渓相。入渓しやすく、広い流れの中にヤマメが好みそうな石が所々にある。低い堰堤付近も好ポイント

栃木県北部を流れる那珂川最大の支流・箒川は、塩原ダムを境に上流が塩原漁協、下流は那珂川北部漁協に分かれる。本項で紹介するのは塩原漁協管轄内である。

都心からのアクセスもよく、気軽に行ける温泉として有名な塩原温泉。その温泉街を箒川は流れている。発眼卵、稚魚放流のほか、大型ニジマスやヤマメ、イワナなどの成魚放流もあり、4月の第1日曜解禁日から新聞・テレビのニュースで紹介されるほど多くの人で賑わう。また、解禁日以外にも分散放流やヤマメ特設釣り場などもあり、ビギナーからベテランまで楽しめる。そのほか、シーズンを通して長く楽しめるキャッチアンド・リリースのルアー&フライエリアもあり、渓流好きのルアーマンやフライフィッシャーにとっては、本当にありがたい存在である。

●魚の反応を見ながらポイント移動して探る

4月の解禁時、例年どおりなら水温はまだ低い。春の陽気があればお昼頃から魚が水面を意識するようになるが、平野

information

●河川名　那珂川水系箒川
●釣り場位置　栃木県大田原市～那須塩原市
●主な対象魚　ヤマメ、ニジマス、サクラマス
●解禁期間　4月第1日曜日～9月19日
●遊漁料　日釣券2000円・年券8000円
●管轄漁協　塩原漁業協同組合（Tel0287-32-2264）
●最寄の遊漁券発売所　つり具の上州屋新西那須野店（Tel0287-36-7541）、付近のコンビニでも購入可能
●交通　東北自動車道・西那須野塩原IC降車。国道400号、県道30、185号を利用して箒川へ

部とは違い、やはり天候によってはまだまだ寒さが残る。したがって、瀬よりは比較的流れの緩いプールや深場をねらいたい。また堰堤付近のポイントもこの時期は魚影が多い。

　私の場合、入渓しやすい古町県営駐車場や古町河川敷周辺によく足を運ぶ。そして魚の反応を見ながらメリハリをつけてポイント移動していくことが釣果につながると感じている。要害河川公園辺りまでの上流は魚影も多く、先行者も考慮してサオ抜けポイントをていねいにねらうのもよい。錦帯岩までの下流も、入渓しづらいところもあるが好ポイントは多い。

　釣り方は釣法を問わず、それぞれのよさそうなポイントでねらっても楽しめるのが大量放流される箒川の魅力でもある。

　ゴールデンウイークが近づく頃より段々と川は盛期を迎え、5月になれば最盛期となる。この頃には上流域や赤沢、善知鳥沢（ウトウ沢川）などもよくなる。ただ季節によってはクマの目撃情報もあるので、上流域の支流や沢などでは注意して頂きたい。また、ニジマスやヤマメの

要害河川公園前の堰堤。深場やプールがあり、毛バリでマヅメの時間帯にねらいたい

明神橋上流を望む。細かいポイントが多く、サオ抜けをねらってていねいに釣り上がりたい

ターゲットのヤマメ。上流域の沢ではイワナも混じる

C＆Rエリアの釣果。大型のニジマスがシーズンオフも楽しめる

成魚放流も増えてくるのでより釣れる環境となり、ビギナーには頼もしいフィールドとなる。

明神橋付近はヤマメが好みそうな石や低い堰堤が多くポイントに困らない。先行者がいても、時間が空けばまた釣れる期待が持てる流れとなっている。

●大型ニジマスと出会えるエリアも

ルアー&フライ（C&R）エリアは、一般渓流禁漁前後も釣りができるエリアがある。期間は3月～1月上旬が目安。年によって変更があるかもしれないので、塩原漁協HPで確認して頂きたい。大型のニジマスが放流され、北海道や海外で釣りをしているような感覚のファイトが楽しめる。釣り方は、ルアーやフライのさまざまなアプローチを試してみるのもよい。魚の習性や学習能力を認識でき、自身のスキルアップにもつながる釣り場でもあると感じている。マナーを守って楽しんで頂きたい。

季節や天候でヤマメやニジマスの活性

ルアー＆フライ（C＆R）エリアの流れ。一般渓流禁漁前後も釣りができる

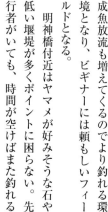

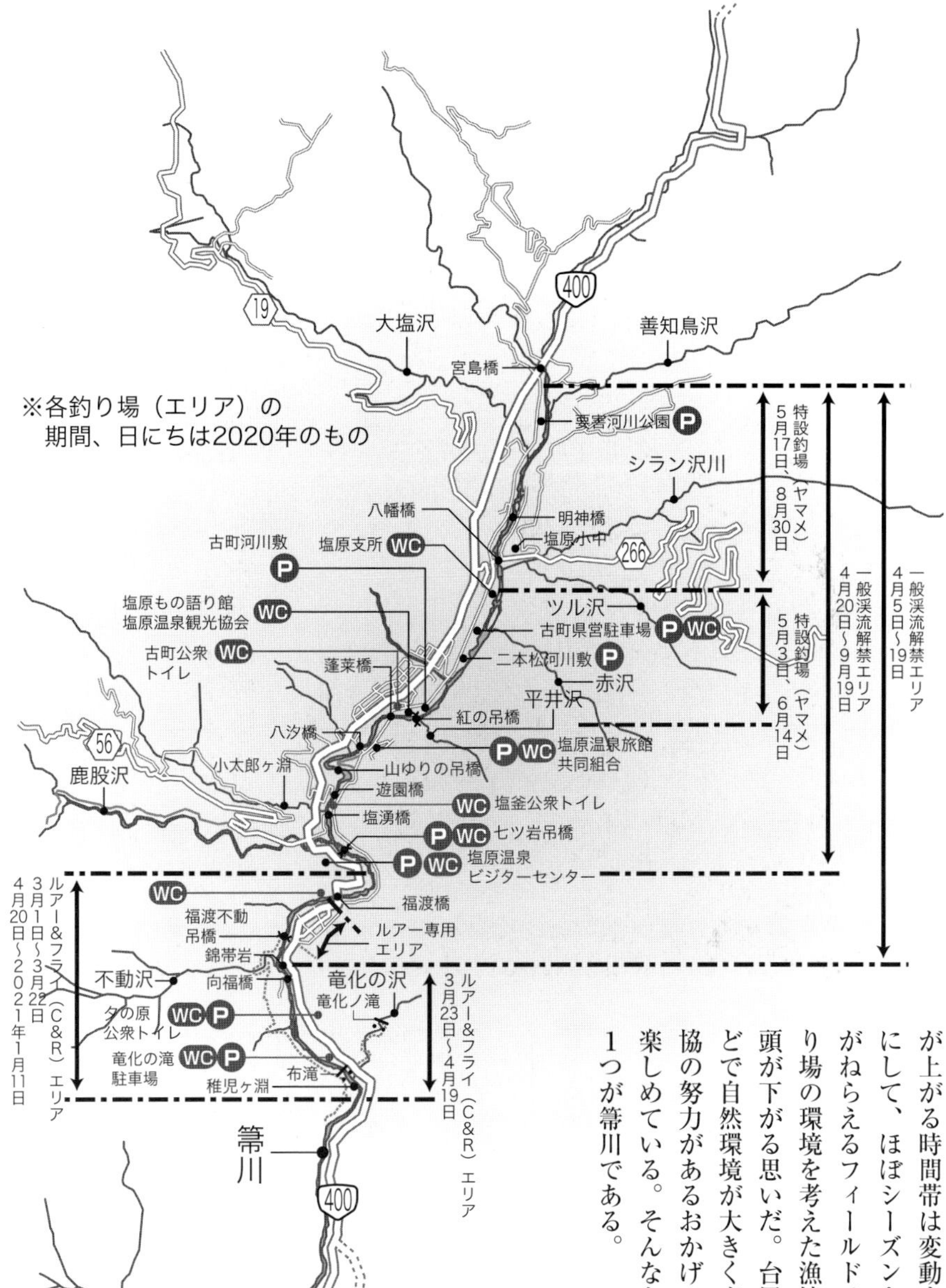

が上がる時間帯は変動するが、釣果は別にして、ほぼシーズンをとおして渓流魚がねらえるフィールドは希少である。釣り場の環境を考えた漁協の取り組みには頭が下がる思いだ。台風やゲリラ豪雨などで自然環境が大きく変化する昨今、漁協の努力があるおかげで私たち釣り人は楽しめている。そんなありがたい河川の1つが箒川である。

（天海）

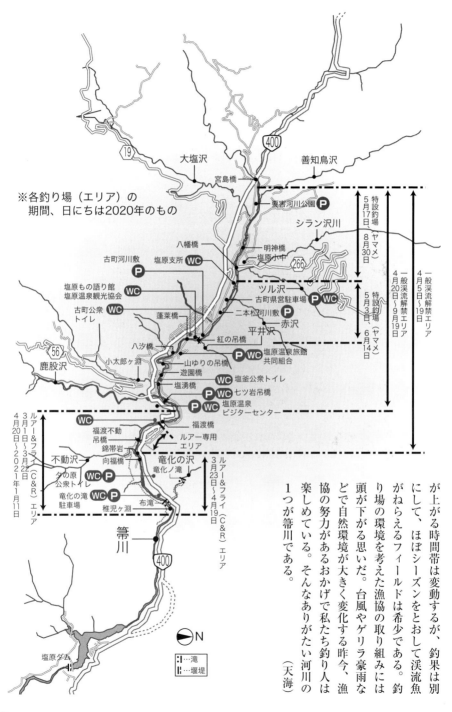

那珂川水系
箒川支流

大《お》蛇《お》尾《さ》川《び》

大雨で林道は荒れているが渓の美しさは健在
自然繁殖するニジマスやイワナがサオを絞り込む

エメラルドグリーンの輝きを放ち流下する大蛇尾川。大ものの気配のある大場所は、時間をかけて探りたい

美しい居つきのイワナ。丹念に探れば尺も夢ではない

栃木県北部に連なる那須連山。その西側にそびえる１９０８ｍの大佐飛山から流れ出す川が、今回紹介する大蛇尾川だ。この渓は関東一の美渓ともいわれるほどで、その流れは素晴しい透明度を誇り美しさは特筆に値する。淵や釜はエメラルドグリーンの輝きを放ち、それを目にした誰もが関東一の評判に納得することだろう。

源流部へのアプローチは湯宮の集落からの大蛇尾林道を行く。毎年のように繰

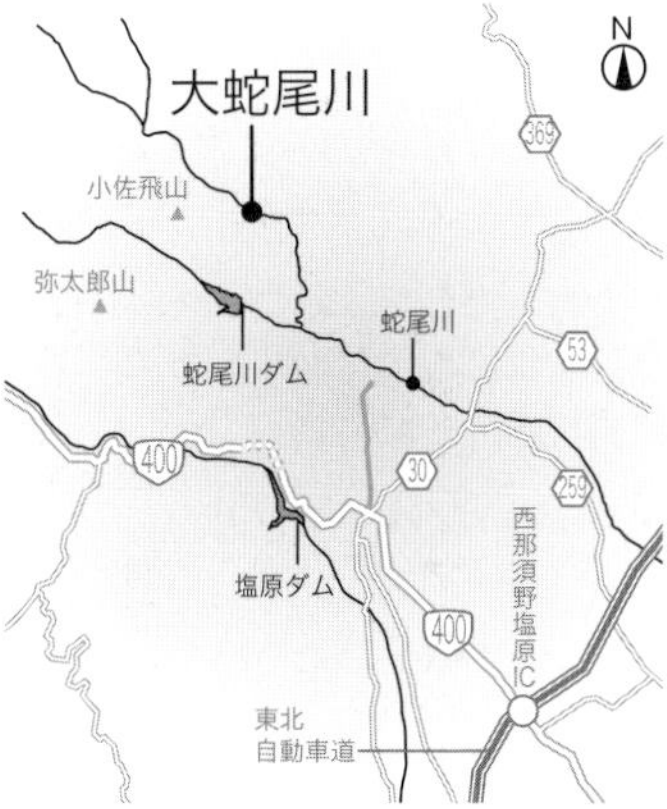

information

- ●河川名　那珂川水系箒川支流大蛇尾川
- ●釣り場位置　栃木県那須塩原市
- ●主な対象魚　イワナ、ニジマス
- ●解禁期間　3月1日～9月19日
- ●遊漁料　日釣券1500円・年券7000円
- ●管轄漁協　那珂川北部漁業協同組合（Tel0287-54-0002）
- ●最寄の遊漁券発売所　セブンイレブン那須関谷店（Tel0287-35-2035）、付近のコンビニでも購入可能
- ●交通　東北自動車道・西那須野塩原IC降車。国道400号、県道30号を経て湯宮集落から大蛇尾林道へ

り返される大雨により、大蛇尾林道はかなり荒れている。流れた水によって未舗装の路面は深い轍《わだち》となり、ここ数年は本格SUV車でないと奥まで行くのは無理になってしまった。あまり無理すると腹をこすって亀になりかねないので、邪魔にならない駐車スペースに停めて歩いたほうが無難である。駐車スペースは林道沿いに点在して数台分ある。

奥にある取水堰堤が入渓地点となるが、そこまでは古い作業道を行く。その作業道も崩落が進んでしまい、何ヵ所か架かっている鉄製の橋も土石流の影響で傾いてしまって使えない。数箇所はガレ場のトラバースとなるので充分注意が必要だ。さて、車止から2時間ほど歩くと取水堰堤が見えるので、堰堤上の吊り橋を渡り入渓できる。ここで初めて目にする美しい流れに、思わず感嘆の声が漏れるだろう。

だが大蛇尾川の特徴は流れの美しさだけではない。関東では珍しい自然繁殖したニジマスがいるのだ。聞くところによると、ここのニジマスは昭和初期に試験

入渓地点となる取水堰堤上にある淵。写真の吊り橋を渡りアプローチする

二俣までは明るく開放的な流れが続く。川通しで遡行していく

放流されたものの子孫らしい。昭和、平成、そして令和と時代が移り変わってなお命を繋いでいるニジマスに、ロマンを感じるのは私だけではないはずだ。

しかしそのニジマスも、放流されたイワナの勢力拡大で数が減っている。以前は取水堰堤から上はニジマスだけだったのだが、今は東俣の30m観念滝までほとんどイワナだけになってしまった。

そんな現状の大蛇尾川だが、豪雪地帯ではないので4月の初旬から入渓できる。しかし、標高が1000mほどと高いこともあって早期はかなり冷え込み、岩場などが凍結していることもあるので注意してもらいたい。水温が低い時期はテンカラやフライよりもエサ釣りが有利だ。テンカラ、フライを楽しむな5月以降がよいと思う。

それから、うれしいことに梅雨明けから大発生するアブがいないので、夏の釣り場としては快適である。

●二股までは開けた渓相

それでは、大蛇尾川を釣って行こう。

二俣を過ぎると水量は減り落差が出て、山岳渓流の様相を見せ始める

二俣より上には小滝が続き、好ポイントが連続する

入渓点から先は道がなく、川通しの遡行となる。人工物は一切なくなり、美しい原始の流れとブナやミズナラといった広葉樹の森が続いている。テン場は1㎞ほど歩いた左岸側河岸段丘上にも取れるし、取水堰堤から2・5㎞ほど先の東俣と西俣の合流点にもある。

ここから二俣までの流れは開けていて難所もなく、のびのびと気分よくテンカラザオを振ることができる。もちろんエサ釣りも6・1mザオに長めの仕掛けを付けても振りやすい。

渓相は大岩が点在し、水量もあるのでポイントも多い。大場所を丹念に探れば尺イワナにも出会うことができるだろう。

●東俣は観念滝までが無難なコース

二俣を過ぎると、渓は高度を上げ始め滝も出てくる。西俣は水質のせいなのか魚影が少ないので、東俣を行くといい。東俣に入ると、だんだんと魚影が多くなってくる。水量も先ほどまでと比べて半分ほどになり、ポイントも絞りやすくなってくる。逆にいうと誰もが同じような

人工物は一切なくなり、いかにも山岳渓流といった渓相でサオが振れる

観念滝を越えると、いよいよニジマスの渓となる

所を釣ることになるので、ここからはサオ抜けも含めてじっくりとねらっていきたい。

いくつかの滝を越えていくと、やがて目の前に30ｍの観念滝が立ちふさがる。ここを越えるには難しい巻きを強いられる。左岸から行くのだが足場も悪く、踏み外すと下まで止まらず怪我ではすまないだろう。自身の遡行技術や経験と相談して滝上を釣るか決めたい。ここまでの区間でも充分楽しめるはずだ。

観念滝を越えるとそこからはニジマスの渓となる。滝上ではイワナは釣れなかった。いるのはヒレピンのニジマスだけだ。さすがに昭和の頃と違って大ニジマスはいなくなったが、それでも25cm以上の良型がサオを絞る。

だんだんと渓の両側が迫り狭くはなってくるが、それでもサオを振るのに支障はない。

滝から釣り上がること1km も行かないうちに、巻くのが面倒そうな7ｍ滝が現われる。二俣より下にテン場を取っているなら、そろそろタイムアップだ。この辺りで納竿してテン場に戻ろう。

関東一の美渓の奥にひっそりと暮らすニジマスたち。彼らを次の時代にも残すためにも、C&Rを心掛けてほしい。そうすれば令和の次の年号の時代も、釣り人たちを楽しませてくれることだろう。

（高野）

フライをくわえた美しいヒレピンのニジマス

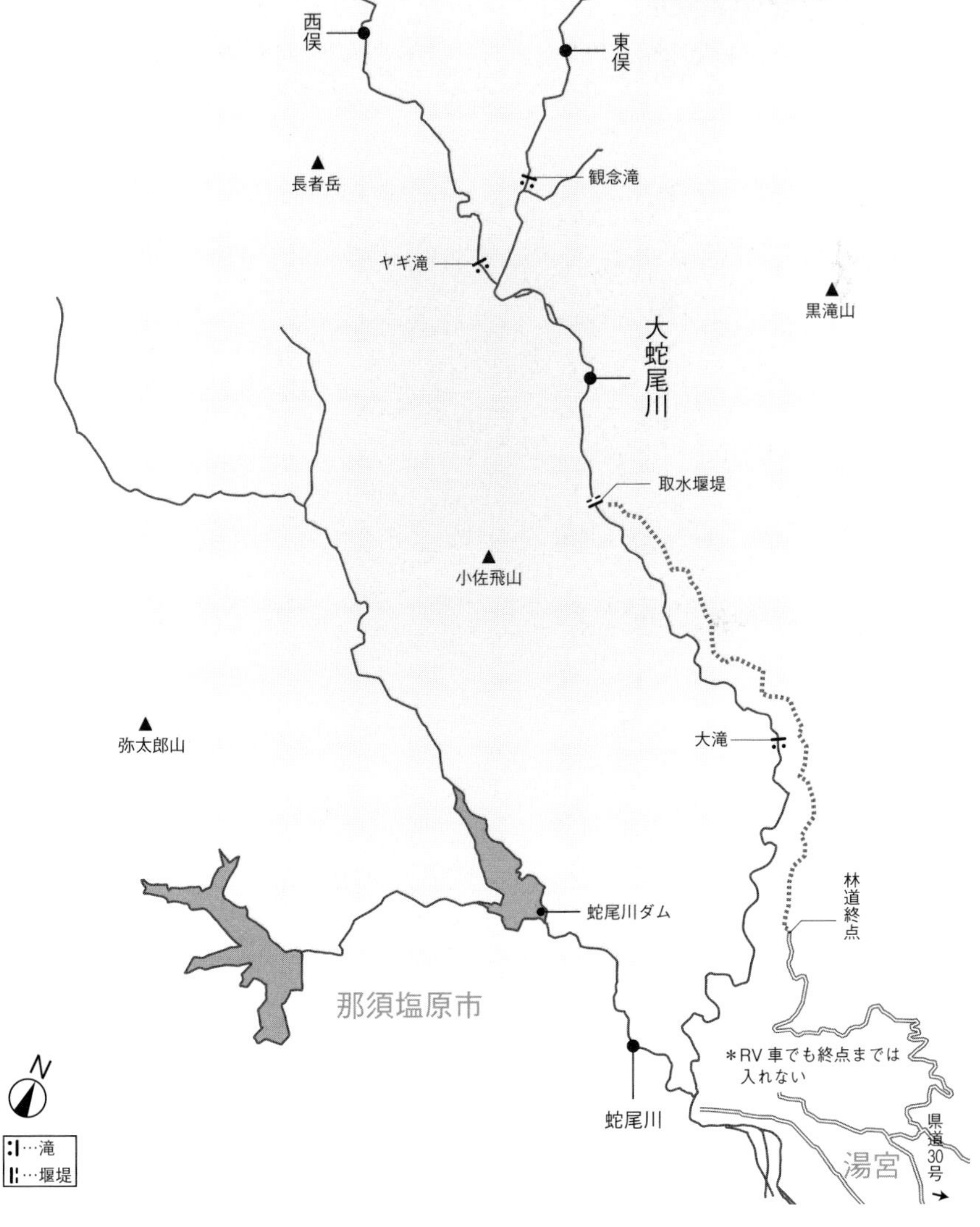

利根川水系
思川最上流部

粕《かす》尾《お》川

アユも人気！　鹿沼の有名ヤマメ河川
豊富な放流量で初心者にもやさしい釣り場

●大芦川に次ぐ人気の渓流漁場

利根川水系思川の最上流部は粕尾川と呼ばれ、前日光「横根山」を源流に鹿沼市岩鼻堰までの約25㎞が粕尾漁協の管轄となる。アユ釣りでも人気の河川だが、渓流についても鹿沼市では大芦川（西大芦漁協）に次ぐ人気を誇る。上流域はイワナが混じり、全域でヤマメが釣れるが、上粕尾郵便局より上流がメインの釣り場となる。

３月中旬に解禁となるが、初期は水温も低く、放流魚ねらいがメインとなる。ヤマメの成魚放流は計4回（解禁前1回、解禁後3回）、羽立橋から細尾橋までの約６㎞の区間に６５０～７００㎏が分散放流される。初めての場合は、できるだけ下流エリア（上粕尾郵便局から細尾橋まで）が、足場もよく、釣り場にも降りやすいのでお勧めである。人里に近い河川とはいえ、３月は充分な防寒対策が必要である。また、放流された魚も寒い日は石の下に潜ってしまって、放流日なのにあまり釣れないということもある。逆

遊漁券も販売している鈴木商店前の流れを望む

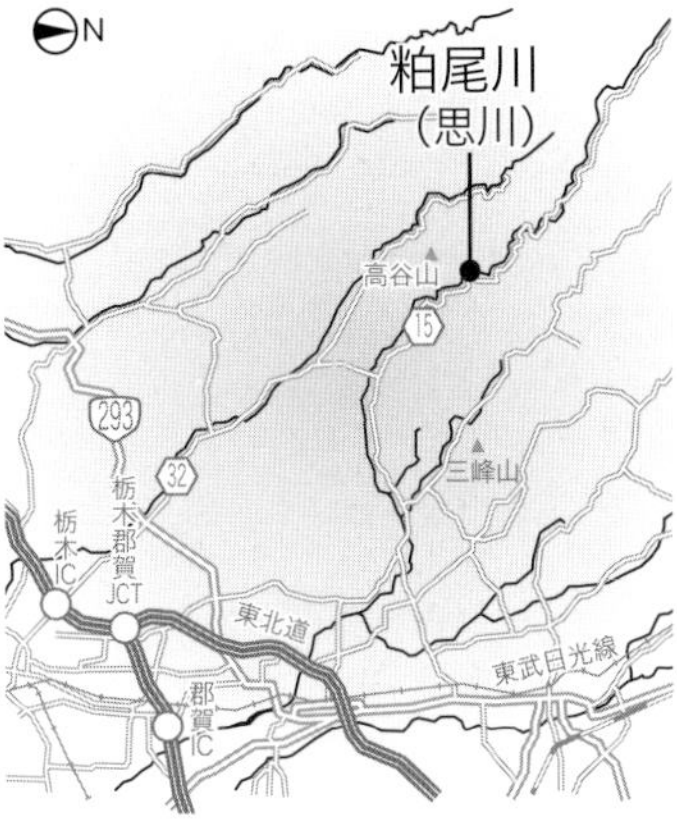

information

●河川名　利根川水系
思川最上流部粕尾川
●釣り場位置　栃木県鹿沼市
●主な対象魚　イワナ、ヤマメ
●解禁期間　3月14日（解禁日は年によって変更あり）～9月19日
●遊漁料　日釣券2000円・
年券8000円
●管轄漁協　粕尾漁業協同組合
（Tel0289-83-0543・組合長方）
●最寄の遊漁券発売所　鈴木商店（Tel0289-82-3138）、ファミリーマート栃木尻内町店（Tel0282-30-1311）
●交通　東北自動車道・栃木IC降車。県道32、15号で上流部へ

思川の最上流部は粕尾川と呼ばれる。ヤマメ、イワナで人気の高い渓だ

に、3月は放流日からしばらく経ってからでも、魚が隠れる巨石が多いエリアをねらうと、おどろくほど魚が残っていることがある。

●上流域は本格的な渓流釣りが楽しめる

成魚放流エリアより上流は、本格的な渓流釣り場となる。上流ほど釣り人も少なく、魚影も多い傾向があるが、上流ほど川と道がはなれ、入川口も少なくなるので、体力に応じて無理のない範囲で釣りをしてほしい。上粕尾公園付近は、駐車場があり川へ降りやすい割には魚影も多いのでお勧めである。

●あえてのアユエリアねらいも面白い

細尾橋より下流のエリアは、渓流魚の放流はないが、丸々太ったヒレピンのヤマメが釣れる。「清流の郷かすお」付近でも釣れるので約15㎞と広いエリアでのびのびと釣りができる。このエリアは駐車スペースも多く、入川口には苦労しない。5月21日からアユ解禁日（7月第1日曜）まで禁漁となってしまうので、野

北村川合流より上流の流れ。メリハリのある渓相が続く

上粕尾郵便局前より下流を望む。足場もよく入渓もしやすい

4月下旬、上粕尾公園で手にしたヤマメ

上粕尾公園上流の渓相。入渓しやすく魚影も多いのでお勧め

生魚の活性が上がる4月中旬から5月20日までがねらいで、水温が高く成長も早いので5月には20～27㎝ほどの丸々と太ったヤマメが釣れる。アユ解禁以降は、朝マヅメや増水時のみの釣りとなるが、40㎝近い大型も期待できる。エリアが広いので、ルアーでねらうのも効果的である。

●ヒルに注意

粕尾川はヤマビルの被害が多い。気温が低い時期は心配ないが、20℃を超えてくると被害が出始める。特に、雨か、雨上がりの日は被害が多い。川の中や開けた河原を歩いている間は、まず心配はないが、木陰で休んだり、ヤブ漕ぎをするときには充分に注意が必要である。

最後に、釣行後は「清流の郷かすお」がお勧め。漁場の下流部にあり、ほとんど100円の地場産野菜、ランチのうどん、そばも美味しい。また、こだわりの材料を使った10種のジェラートも有名で、特にハトムギジェラートは絶品なので、ぜひお立寄り頂きたい。（高木）

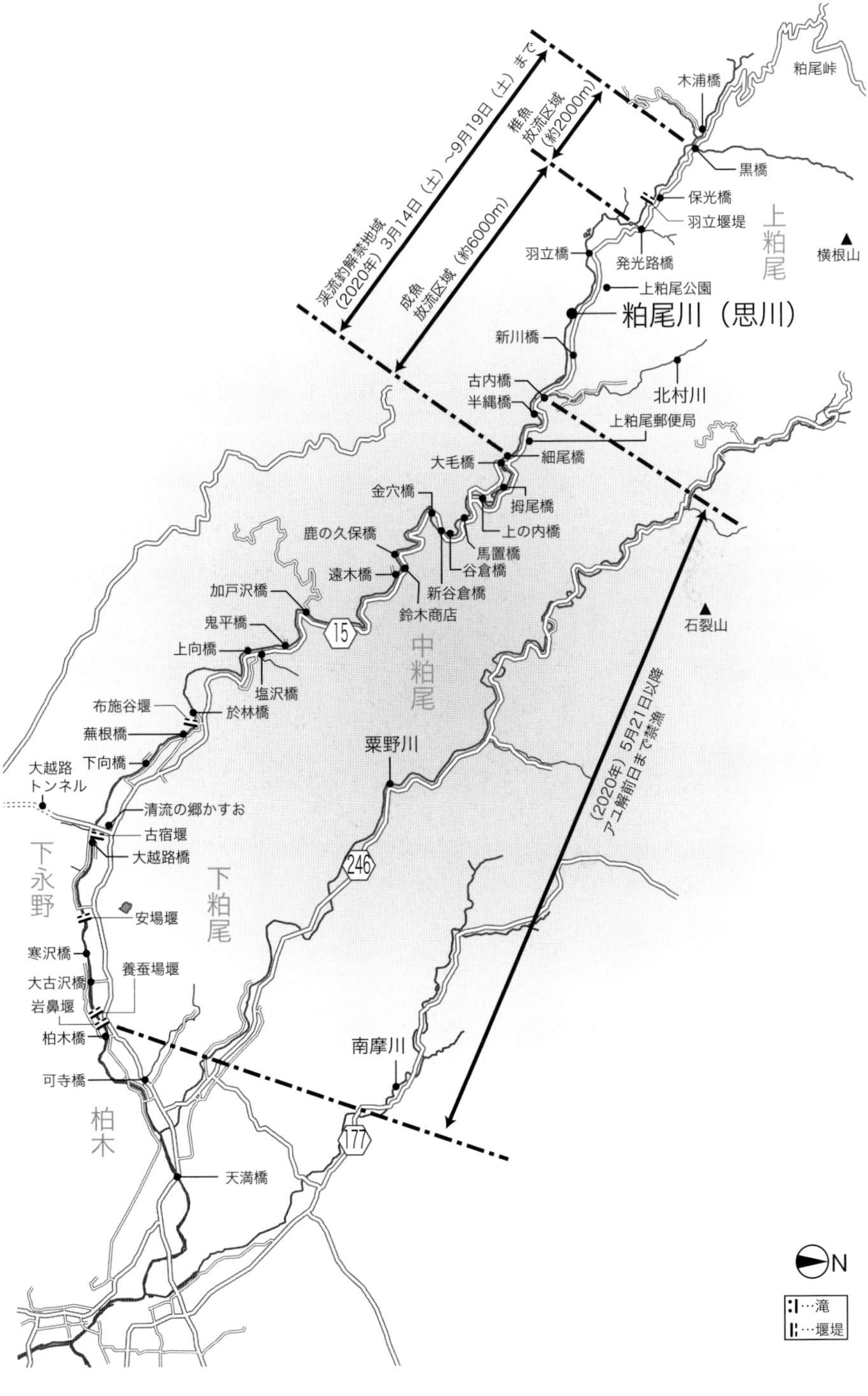
渓流釣解禁地域
（2020年）3月14日（土）〜9月19日（土）まで
稚魚
放流区域
（約2000m）
成魚
放流区域（約6000m）
粕尾峠
木浦橋
黒橋
保光橋
羽立堰堤
上粕尾
横根山
羽立橋
発光路橋
上粕尾公園
粕尾川（思川）
新川橋
古内橋
北村川
半縄橋
上粕尾郵便局
細尾橋
大毛橋
金穴橋
拇尾橋
上の内橋
鹿の久保橋
馬置橋
谷倉橋
遠木橋
新谷倉橋
鈴木商店
加戸沢橋
15
石裂山
中粕尾
鬼平橋
上向橋
塩沢橋
布施谷堰
於林橋
蕪根橋
下向橋
粟野川
大越路
トンネル
清流の郷かすお
古宿堰
大越路橋
（2020年）5月21日以降
アユ解禁前日まで禁漁
246
下永野
下粕尾
安場堰
寒沢橋
養蚕場堰
大古沢橋
岩鼻堰
柏木橋
南摩川
可寺橋
柏木
177
天満橋
N
…滝
…堰堤

利根川水系
思川支流

大芦川《おおあし》

初心者から上級者まで楽しめる人気のヤマメ河川
抜群のロケーションと漁協の手厚い資源管理

旧西大芦小学校上流の流れ。放流日は多くの釣り人で賑わいをみせる

利根川水系大芦川の最上流部、下大久保堰堤より上流が本項で紹介する西大芦漁協の管轄である。都心から車で2時間、川沿いに道が走っており入川口も整備されていることから、川に着いてからのアクセスもよい。これだけアクセスがよいにもかかわらず、関東屈指の清流を誇り、ロケーションも抜群。穏やかな流れでヤマメがメインの東沢（東大芦川）、巨石ごろごろでイワナ混じりにヤマメが釣れる西沢、この2つが合流してから下大久保堰堤までの本流約8㎞はヤマメ釣り場となる。漁場全域で釣り以外の漁法が一切禁止となっており、さらに、東沢では大滝より上流、西沢では古峯神社に近い藤倉ダムより上流が資源保護のため全面禁漁である。また、産卵場造成、親魚放流、発眼卵放流などの増殖も毎年行なわれており、このような手厚い資源管理の結果、安定した魚影が保たれている。

●初期は本流での放流魚がねらいめ

野生魚も豊富な川だが、3月下旬の解禁日から5月下旬まで、ほぼ毎週400～600㎏の成魚放流（ヤマメに、一部イワナが混ぜてある）があり、その放流量は県内随一である。成魚放流は、本流上流部（西沢合流点～旧西大芦小学校前。一部、東沢と西沢にも放流がある）がメインとなり、このエリアであればまんべんなく放流がされている。特に、旧西大芦小学校から漁協事務所までのエリアが川幅も広く、釣りやすいのでお勧めである。放流日はよく釣れるので、初心者に

information

●河川名　利根川水系思川支流大芦川
●釣り場位置　栃木県鹿沼市
●主な対象魚　イワナ、ヤマメ
●解禁期間　3月29日（解禁日は年によって変更あり）～9月19日
●遊漁料　日釣券2000円（解禁日のみ2200円）・年券9000円
●管轄漁協　西大芦漁業協同組合（Tel0289-74-2629）
●最寄の遊漁券発売所　上沢油店（Tel0289-74-2629）、セブンイレブン鹿沼上日向店（Tel0289-64-0188）、ほかにも付近のコンビニで取り扱いあり
●交通　東北自動車道・鹿沼IC降車。国道121号、県道14号で大芦川へ

渓流釣りを教えるのにも適している。

　一方で、釣り人が多いので、放流魚はどんどんスレてくる。比較的イージーに釣れるのは放流から3日まで。それ以降は、仕掛けや釣り方、エサによって釣果に大きな差が出てくる。エサ釣りであれば、細イトにピンチョロなどの川虫が強い。また、エサにスレた魚もルアーには反応することもあり、近年ルアーでねらう釣り人も増えている。このように、初心者から上級者までそれぞれに楽しめ、厳選した養魚場で育成したヤマメは食味もよい。

●初夏から秋は上流域での野生魚ねらい

　4月中旬になると野生魚のヤマメの活性が高まってくる。漁場全体で釣れるが、本流は釣り人が多いため、野生魚も急速に釣りきられてしまう。野生魚ねらいの場合、5月以降は東沢や西沢のほうが安定した釣果が期待できる。ただし、本流に残った野生魚は放流アユを食べて大型化するので、朝夕のマヅメ時や増水時などの好条件には本流で思わぬ好釣果に恵

上流域の西沢の流れを望む。テンカラやフライへの反応もよい

大芦川本流。上流部に見える橋上が東沢と西沢の合流点となる

毛バリに出たヤマメ。イワナの釣果も期待できる

上流域の東沢の渓相。4月中旬以降に安定した釣果が期待できる

まれることもある。

東沢、西沢では、駐車スペースがあるところには、ほぼ間違いなく入川口がある。どこでも安定して魚はいるので、直前に釣り人が入った場所さえ避けて入川すれば、美しい景色のなかできれいな魚が釣れるという渓流釣りの醍醐味が味わえる。テンカラやフライへの反応もよいので、ぜひねらってみてほしい。

●濁りは大イワナのチャンス

東沢、西沢ともに上流域はイワナが多くなるが、特に西沢の金剛山瑞峯寺辺りから上流は魚影が多く、尺超えも珍しくない。しかし、代々、釣り人のハリをかわした天才イワナばかりなので、はっきりいって普段はほとんど釣れない（ヤマメ20尾釣ってイワナ1尾混じるくらい）。潜ってみても姿が見えないので、普段は石の下に隠れて出てこないようである。夕マヅメにルアーで大ものが出ることもあるが、なんといっても増水で濁った時がねらいめである。うまく濁りが残った日に当たると、キヂエサで、びっくり

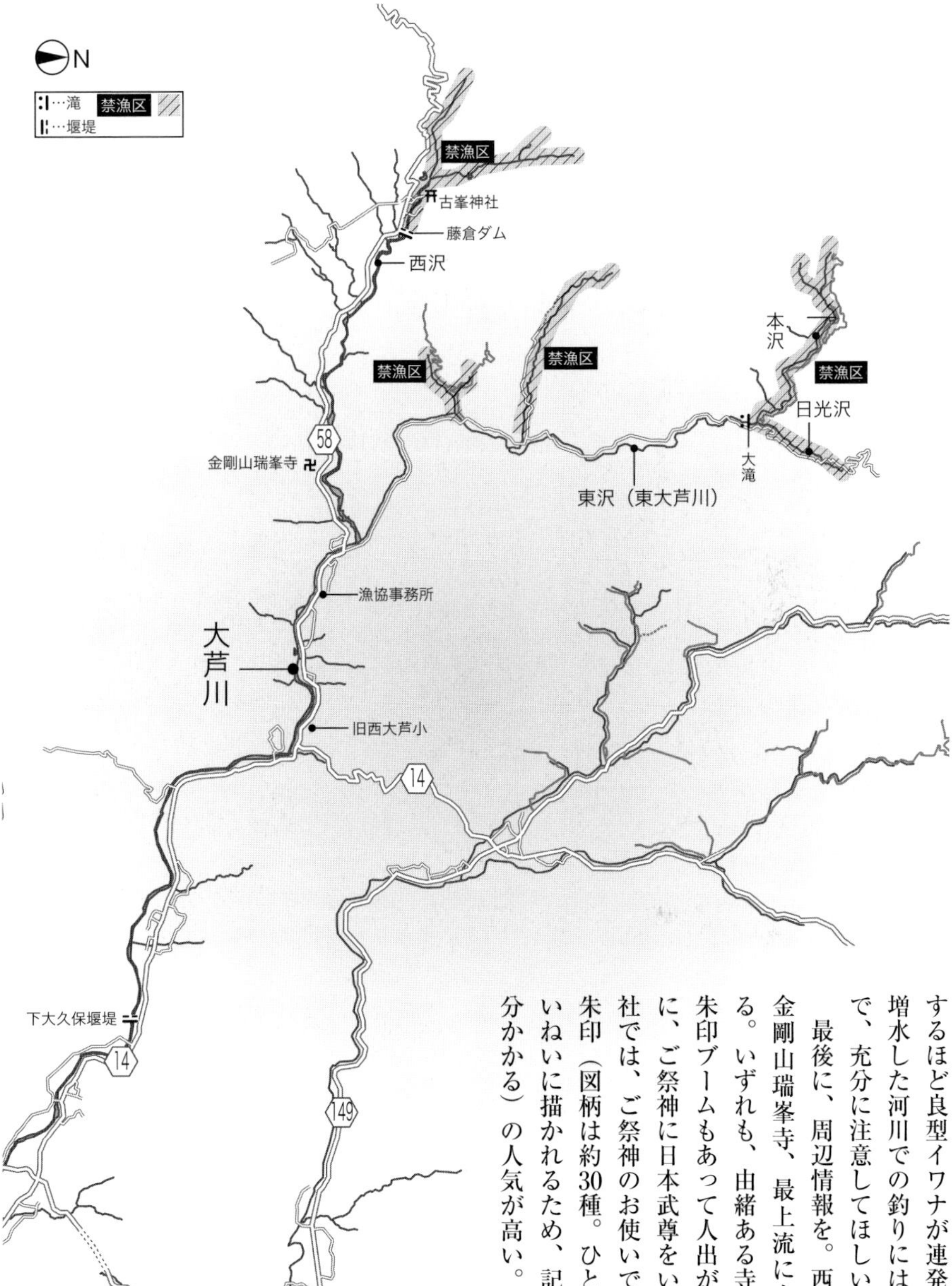

するほど良型イワナが連発する。ただし、増水した河川での釣りには危険が伴うので、充分に注意してほしい。

　最後に、周辺情報を。西沢には下流に金剛山瑞峯寺、最上流に古峯神社がある。いずれも、由緒ある寺社で昨今の御朱印ブームもあって人出が絶えない。特に、ご祭神に日本武尊をいただく古峯神社では、ご祭神のお使いである天狗の御朱印（図柄は約30種。ひとつひとつ、ていねいに描かれるため、記帳には30～40分かかる）の人気が高い。

（高木）

利根川水系
鬼怒川支流

大《だい》谷《や》川

鬼怒川の一大支流。コンディション抜群の渓魚がサオを絞る 上・中・下流で全く違った渓相が楽しめる

大谷川は、中禅寺湖より発して華厳滝を落ち、日光市内を東へ流れながら周囲の支流を集めて鬼怒川に合流する流程約30㎞の一大支流である。標高は華厳滝直下で約1170m、「馬返し」で約870m、今市駅付近で約390mと高低差が大きく、土砂流出を抑えるための堰堤群が無数にあり、上流部では水力発電も盛んである。高低差が大きく、取水の影響もあって、上流、中流、下流と全く違った渓相が楽しめる。

最上流部となる馬返し周辺の流れ。アクセスがよくイワナの魚影が多い

馬返し付近で釣れたイワナ。ニジマスやブラウントラウトの大型もヒットする

●釣りやすい最上流部。ルアーや毛バリも面白い

大谷川の最上流部、いろは坂への入り口にあたる馬返し周辺は、アクセスがよくイワナの魚影が多い。水量もそれほど多くなく、釣りやすい河川規模である。いろは坂馬返し駐車場に車を停めて入川するのが一番分かりやすいだろう。公衆トイレもあるので、女性アングラーにもお勧め。巨石が多いので、思わぬポイン

information

●河川名　利根川水系鬼怒川支流大谷川
●釣り場位置　栃木県日光市
●主な対象魚　イワナ、ヤマメ
●解禁期間　3月1日（上流部の日光地区は4月1日）～9月19日
●遊漁料　日釣券1500円・年券6500円
●管轄漁協　栃木県鬼怒川漁業協同組合（Tel028-662-6211）
●最寄の遊漁券発売所　青木屋（Tel0288-21-8934）、全国の主要コンビニの端末から購入可能
●交通　日光宇都宮道路を利用。上流部は清滝ICで降車し国道120号を利用。下流部は今市ICを降車し、国道461を経由

トから良型が飛び出してくる。ニジマスやブラウントラウトの大型がヒットすることもあるが、メインとなるイワナのサイズは20cm前後が多く、一般的な渓流釣りタックルで充分である。標高は高いが水量が少ないせいもあってか水温の上昇は早く、比較的初期からライズが見られる。ルアーへの反応もよいので、ルアーや毛バリでねらうのも面白い。

●水量豊富な上流部。一発大ものがねらえる

金田建材の裏手（清滝ICの少し下流）から東電取水口（稲荷川合流の少し上）までの区間は、取水されていた水が戻るので、水量豊富な川でのダイナミックな釣りが楽しめる。50cm超のイワナ、ニジマスの実績もあり、魚について下れないポイントも多いので、太仕掛けが必要である。東電取水口のすぐ上流には、木造朱塗りの美しい神橋がある。この橋の前後は、いかにも大ものが潜んでいそうなポイントだが、橋の上下50mが禁漁区となっているので注意してほしい。

上流域の神橋より上流の渓相。橋の上下 50m が禁漁区なので注意

中流域の霧降大橋周辺の流れ。堰堤下の淵々に大ものが潜んでいる

良型ヤマメが期待できる下流域の流れ。桜が咲くころがおもしろい

下流域での釣果。季節はゴールデンウィークごろだ

●アクセスしやすい中流部。堰堤直下がねらいめ

稲荷川合流から下流、日光駅付近はアクセスもよく放流も多いので大谷川のメイン釣り場だ。取水の影響で水量は多くないので、堰堤下の淵々がねらいめである。土砂で淵が埋まったこと、カワウが飛来するようになったことなどから、昔ほどの釣果は望めないが、淵を拾い釣りすると、レギュラーサイズのイワナ、ヤマメに、大型ニジマスが混じる。

●良型ヤマメの下流部。その引きは強烈

今市駅から下流は、ほぼ100%ヒレピン・ヤマメの川となる。サイズは18〜30㎝が多く、幅広で引きは強烈。熱心に通うファンも多い。解禁当初はほとんど釣れないが、4月に入って桜が咲くと急に釣れるようになる。数釣りができるのは5月までだが、シーズン終盤まで釣果が期待できる。釣り場としては、荊沢公民館から、かたくりの湯までの区間がお勧めである。注意点として、朝一は水温

が低く反応が悪いので避けたほうがよい。
また、釣り人も多く、非常にスレているので、アタリを出すには細イトに川虫エサ（ピンチョロ、ヒラタ）が効果的である。

最後に、大谷川は、世界遺産「日光の社寺」のまさにお膝元を流れている。観光と合わせて、ぜひ大谷川に訪れてほしい。またお土産には、創業100年以上を数え、毎日4000個も売れる「武平まんじゅう（和田菓子店）」がお勧めである。

（高木）

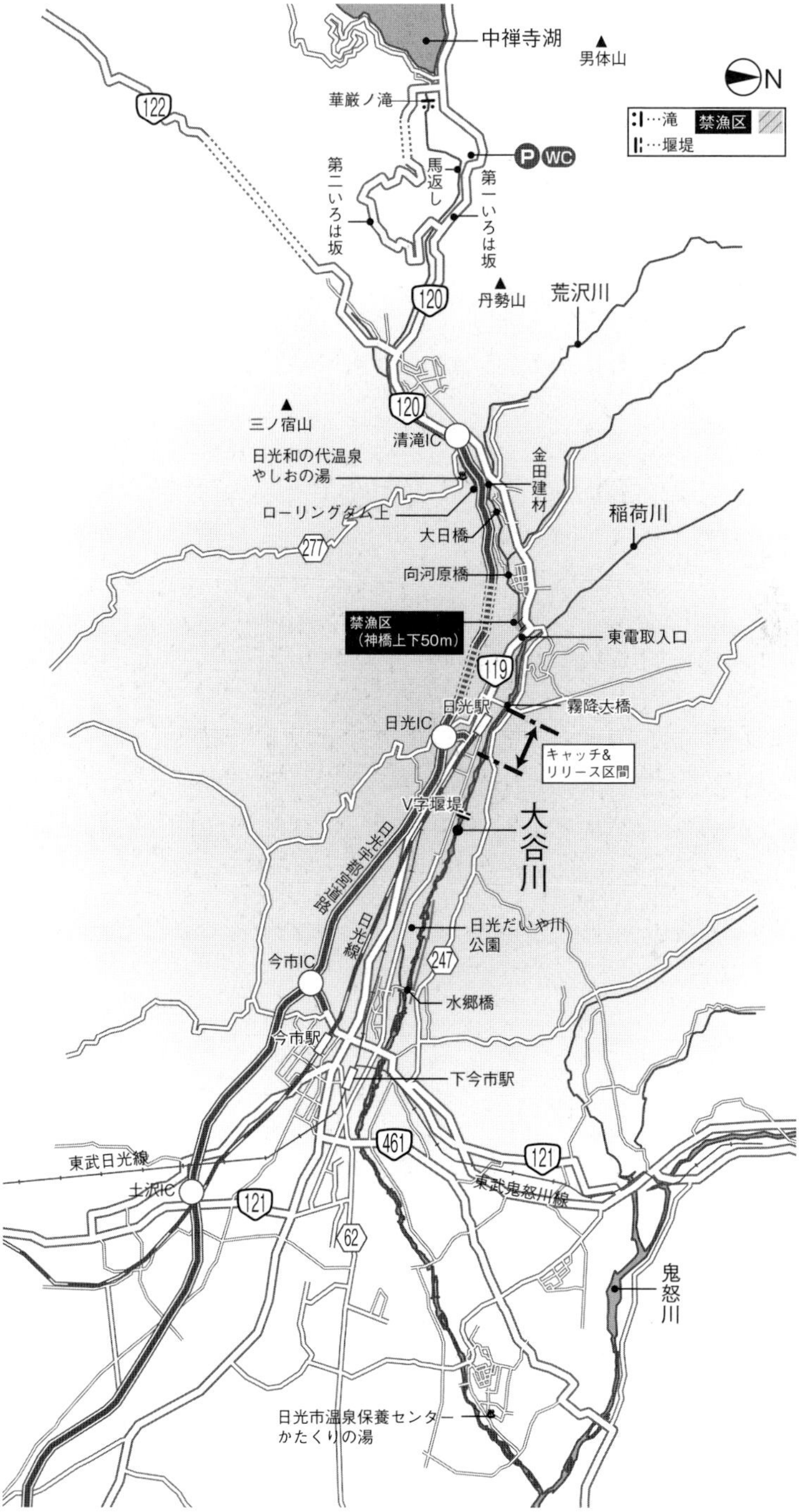

滝上橋上流を望む。流れに変化があるので釣っていても気持ちのよい渓相。夏場はマヅメの時間帯に大ものののチャンスあり

利根川水系
鬼怒川支流

男鹿川《おじか》

5月GWが明けたら盛期突入も間近
2つのキャッチ＆リリースエリアも魅力的

男鹿川は、湯西川とともに五十里湖を満たす鬼怒川水系の有名河川であり、山間を福島県会津へとつなぐ国道121号沿いを流れる。私にとってこの国道は、鬼怒川上流部、その支流や沢、また会津地方のさまざまな渓流を、時期を考え車を走らせ、ヤマメやイワナが釣れても釣れなくても通い続けた、そんな思い出深い道でもある。そして年齢を重ね、何時からかシーズンを通して足を運ぶのは男鹿川になっていた。

●シーズンについて

例年どおりであれば、解禁当初よりは4月下旬のほうがヤマメの活性は上がる。天候にもよるが初期は水も冷たく周りには雪が残る。ヤマメは釣れなくはないが、サイズは小さく動きも悪い。やはり木々が芽吹く頃のほうが可能性が高い。それ以前は水温の上がりやすい下流域、中三《なかみ》依《より》地区周辺のほうがよいかもしれない。また暖かい春の陽気で虫っ気があれば活性も上がるので、その場合は横川地区辺りも期待できる。

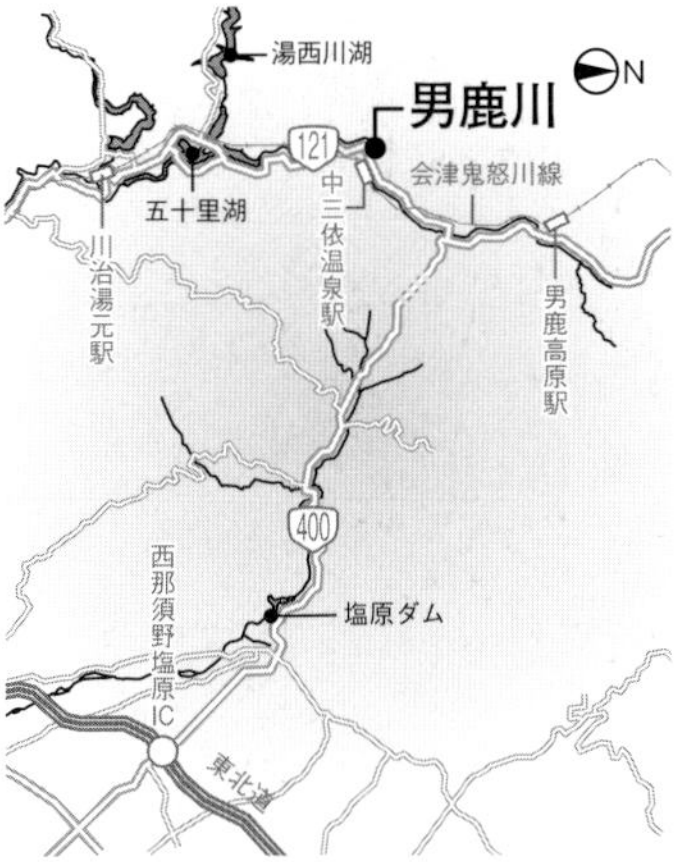

三依橋付近の流れ。木々の日陰ができる流れや石のある深場がポイント。足で稼ぎたい

5月連休明け頃には気温も上がり、一気に最盛期になる可能性がある。釣行日前に陽気が続けば水温も上がり、水生昆虫の羽化も活発になるとヤマメやイワナも動き出す。逆に寒い日が続くと活性は下がる可能性もあり、どうしても天候に左右されやすい。また今までの経験上、男鹿川ではイワナが釣れ始めると盛期への期待が高まる。

6月に入れば好活性となり、日中は横川地区、マヅメは上三依～中三依がよいと思う。特に、上三依の開明橋上流や不動滝周辺、滝上橋上流は、足で稼ぐと良型が見られる。雨などで水量が増えていなければよい釣りができると思う。

8月後半から禁漁までは、滝上橋からの横川地区がお勧め。上流部ではあるが、平らな流れの中にある小さなポイントをていねいに釣りたい。魚に走られることも多いので、釣りづらくスレているのかもしれないが、魚影が確認できる＝魚がいるということなので期待したい。できるだけマヅメの時間帯や雨の日のような、夏に魚の活性が上がりそうな条件があると、よりよい結果になるだろう。

●2つのキャッチ&リリースエリア

地蔵岩堰堤から芹沢橋の5・5㎞のキャッチ&リリースエリア（三依地区）は、解禁当初からよいと思う。平瀬が続くのでヨレや沈み石のあるポイントをねらいたい。フライでねらうならライズに期待して粘るのもよい。ポイントによっては、ヤマメの姿が確認できるのでさまざまなアプローチを試すのも面白い。水温が上がる季節の日中は深場や流心を中心に、マヅメの時間帯はライズねらいもよいだろう。

information

●河川名　利根川水系鬼怒川支流男鹿川
●釣り場位置　栃木県日光市
●主な対象魚　イワナ、ヤマメ
●解禁期間　3月21日～9月19日
●遊漁料　日釣券1500円・年券6000円
●管轄漁協　おじか・きぬ漁業協同組合（Tel080-2263-8884・石山方）
●最寄の遊漁券発売所　三依渓流釣り場（Tel0288-79-0110）、ファミリーマート塩原温泉店（Tel0287-31-1005）
●交通　東北自動車道・西那須野塩原IC降車。国道400、121号で男鹿川へ

大型ニジマスも楽しめる川治温泉キャッチ&リリースエリアは、魚影が確認できるのでビギナーにもお勧め。偏食傾向の強いライズはフライの独壇場になるので、フライフィッシャーはチャレンジしてみては。ニンフで手堅く釣るもよし、羽化の種類や段階を絞り込んだパターンでねらうのも面白い。また、下流域の鬼怒川の合流付近もよく釣れているのでお勧めである。

最後に、男鹿川に通い続けて約20年、今でも時折り釣れるきれいな渓魚が癒しを与えてくれる。私はそれだけを求めて足を運ぶのだと思う。釣り人も多い中、渓相や景色もどんどん変わっている。それでも私にとっては引き付けられる何かがあるみたいだ。自分を育ててくれた思い出とともに、仲間と釣り上がり、流れを楽しめれば釣れても釣れなくてもよい、そんな渓流である。（天海）

三依地区のC＆R区間の流れ。川幅のある流れで大ものも期待できる

開明橋下流。橋前後のポイントには深場の大場所が控えている。ていねいにアプローチしたい

横川地区の流れ。ヤマメとイワナが混在して釣れてくる

夏に釣れたヤマメは川底の色のせいか、金色に輝く体高ある魚体だ

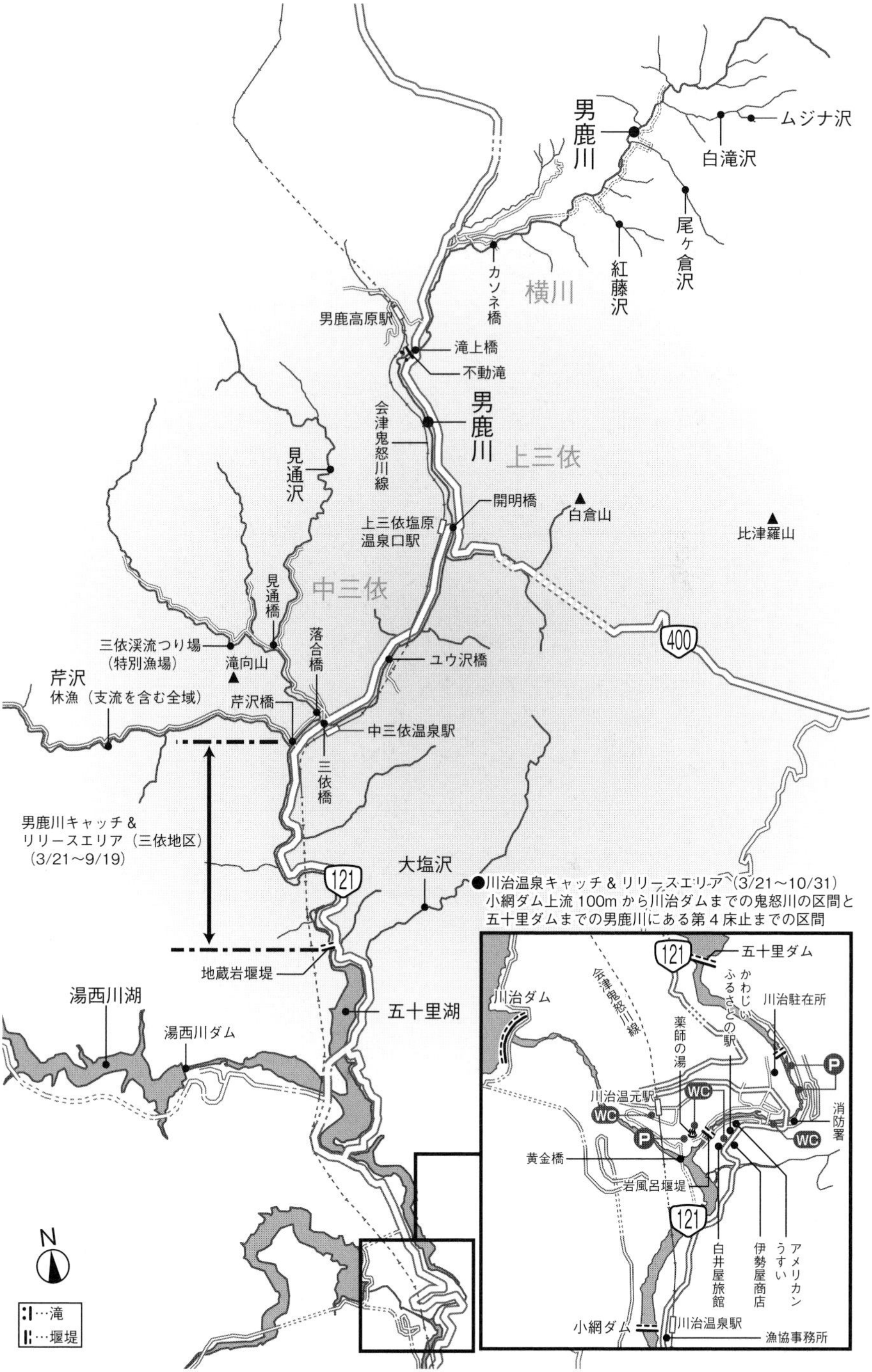

男鹿川
ムジナ沢
白滝沢
尾ヶ倉沢
紅藤沢
カソネ橋
横川
男鹿高原駅
滝上橋
不動滝
会津鬼怒川線
男鹿川
上三依
見通沢
開明橋
上三依塩原温泉口駅
白倉山
比津羅山
中三依
見通橋
400
三依渓流つり場（特別漁場）
滝向山
落合橋
ユウ沢橋
芹沢
休漁（支流を含む全域）
芹沢橋
中三依温泉駅
三依橋
男鹿川キャッチ＆リリースエリア（三依地区）（3/21～9/19）
大塩沢
121
川治温泉キャッチ＆リリースエリア（3/21～10/31）
小網ダム上流100mから川治ダムまでの鬼怒川の区間と
五十里ダムまでの男鹿川にある第4床止までの区間
地蔵岩堰堤
湯西川湖
湯西川ダム
五十里湖
N
…滝
…堰堤
五十里ダム
川治ダム
会津鬼怒川線
かわじふるさとの駅
川治駐在所
薬師の湯
川治温元駅
WC
P
消防署
黄金橋
岩風呂堰堤
白井屋旅館
伊勢屋商店
アメリカンうすい
小網ダム
川治温泉駅
漁協事務所

鬼怒川水系
男鹿川支流

湯《ゆ》西《に》川《し》

平家の落人伝説が残る秘境の川。魚影の多さは県内屈指 湯西川ダムでのサクラマスも人気急上昇中

湯西川ダムから遡上したサクラマス。近年人気のターゲット

湯西川は鬼怒川水系男鹿川の支流にあたり、五十里ダムで男鹿川（おじか・きぬ漁協）に合流するまでの約20㎞が湯西川漁協の管轄となる。大きな川ではないが、魚影は多く、釣り人の少ない穴場的な釣り場である。年券が３０００円と遊漁料も非常に安い。

●イワナの魚影は県内屈指

釣り対象は、イワナ、ヤマメで、温泉街に近い中下流部でも釣れるが、上流部や支流のほうが魚影は多い。お勧めは橋立沢で、川沿いに道路があり、入川が楽

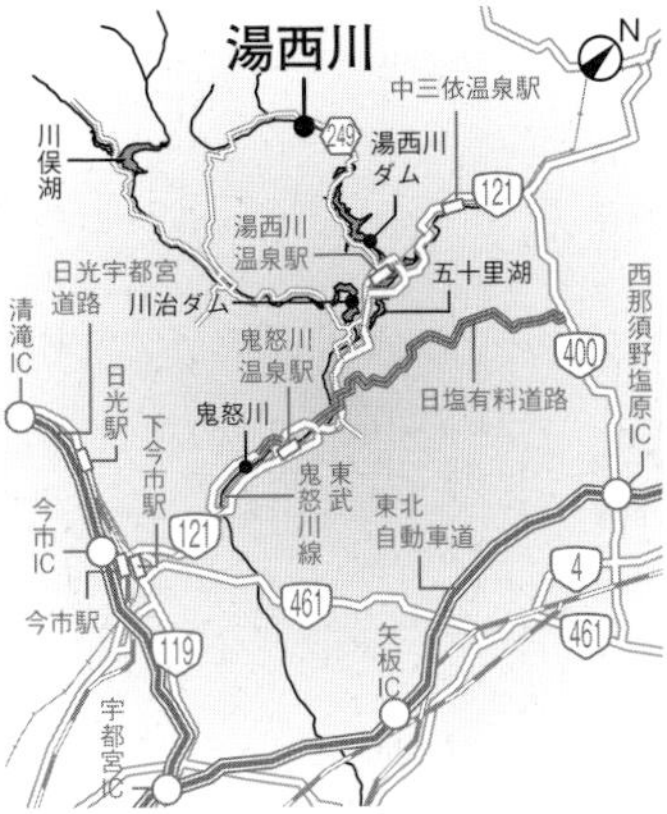

information

●河川名　鬼怒川水系男鹿川支流湯西川
●釣り場位置　栃木県日光市
●主な対象魚　イワナ、ヤマメ、サクラマス
●解禁期間　4月第2日曜日～9月19日
●遊漁料　日釣券1000円・年券3000円
●管轄漁協　湯西川漁業協同組合（Tel0288-98-0252）
●最寄の遊漁券発売所　道の駅「湯西川」（Tel0288-78-1222）
●交通　日光宇都宮道路・今市ICを降車し国道121号を五十里湖方面に進み、湯西川温泉で県道249号に入り湯西川へ

橋立沢上流部の流れ。入川が楽な割にイワナの魚影が多い

な割に魚影が多い。特にイワナの魚影については、県内でも1、2を争うレベルである。小さな川なので、尺クラスは少ないが、25㎝までは数釣りが楽しめる。ほどよい石の大きさで歩きやすく、釣りやすいが、川幅が狭く、木が被っている場所もある。

4月第2日曜日が解禁日となっているが、標高が高く雪が多いので、実際には雪代が収まったGW頃からがシーズンとなる。夏になると普通の釣り場は水温が上がって釣りづらくなるが、湯西川においては逆に最盛期であり、秋まで安定した釣果が期待できる。

釣り方は、エサ、毛バリ、ルアー、いずれでも楽しめる。それほどスレていないので、比較的素直に釣れるが、水量の多い川ではないので、魚に気づかれないようポイントへのアプローチには注意してほしい。

●湯西川ダムでのサクラマスが近年人気急上昇中

温泉街から湯西川ダムまでの区間は、

湯西川ダムサイトより上流を望む。ダムサイトから上流400mは禁漁なので注意

水の郷大吊り橋（湯西川 水の郷）より上流を望む。平坦な流れをルアーでテンポよく探りたい

石が小さく穏やかな流れである。良型ヤマメが期待できるが、魚影が多いとはいえず、ポイントが絞りにくいので、ルアーでテンポよく釣って行くのがお勧めである。大雨の後（特にダムの水位が高い時）は、湯西川ダムから遡上したサクラマスが高確率で釣れるので、ねらってみてほしい。ただし、湯西川温泉街の中心部分の約６００ｍの区間は、禁漁となっているので注意。

湯西川ダムは、２０１２年に完成した鬼怒川水系で最も新しいダムである。サイズは40㎝ほどまでが多いが、背中の盛り上がったコンディションのよいサクラマスが釣れるようになり、ここ数年人気が高まっている。釣り方としては、岸からはインレット付近でのムーチング、ルアー、船からはトロウリングである。トロウリングの場合は、ダムサイト近くのオクタボリ沢進入路から船を入れることができる。ただし、５～16時までと利用時間が決まっていること、ダムサイトから上流４００ｍの区域が禁漁となっていることに注意が必要である。

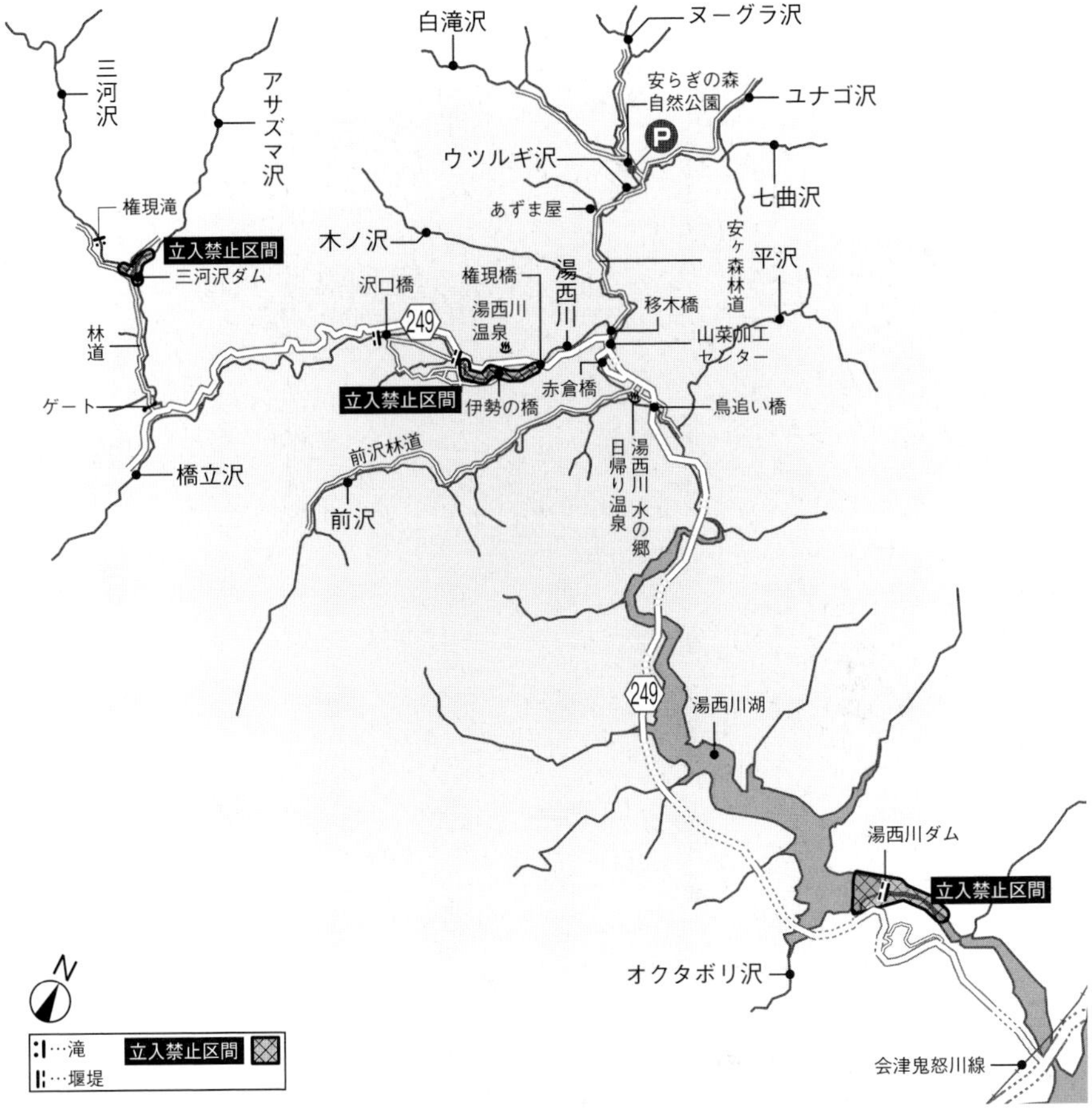

●湯西川温泉に宿泊しての釣行がお勧め

湯西川温泉は、壇ノ浦の合戦に敗れ逃れてきた平家落人が、河原に湧き出る温泉を見つけ傷を癒したと伝えられる歴史の古い温泉で、湯西川の渓谷沿いに旅館や民家が立ち並ぶ。湯量豊かな温泉はもちろん、味噌べら等を囲炉裏でじっくり焼いて頂く落人料理を堪能できる。湯西川温泉では、6月の平家大祭、7月の竹の宵まつりなど年間100日以上のイベントが開催されており、宿泊しての観光&釣りをぜひお勧めしたい。（高木）

橋立沢で釣れたイワナ。まるで野武士のような精悍な顔付きだ

利根川水系
鬼怒川支流

コザ池《いけ》沢

ナメと淵が織りなす美渓の源流
装備の検討と準備は怠りなく、安全第一の釣行を

淵には早期であれば岩盤のエグレにイワナが隠れている。重いオモリでていねいに探りたい

標高2000mを超える峰が連なる奥鬼怒の山々を水源とする鬼怒川へ水量を供給するコザ池沢。「コザ池」なる源頭水源があるわけではなく語源は不明であるが、ナメと淵が織りなす非常にきれいな沢である。

鬼怒川との合流部にはF1と呼ばれる直登不能な滝があるが、右岸の踏み跡を利用して越えていく。

比較的標高の高い場所にある沢のため、早期は水温が低い。釣行するなら渓魚の活性が高まり新緑の美しくなる5月下旬からがよいかと思う。

ナメと淵が交互に続く区間。意外にも魚影が多いことに驚くだろう

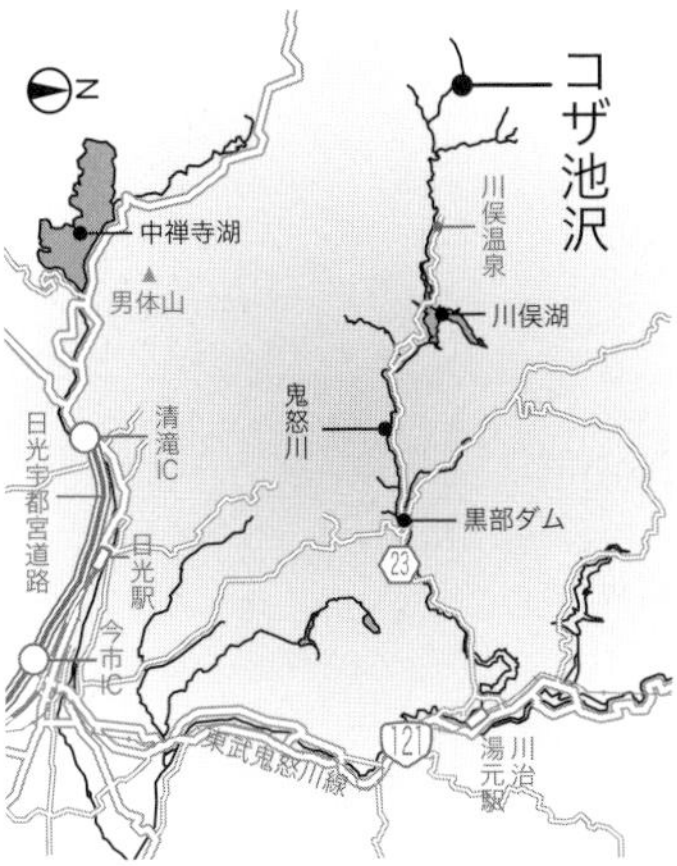

information

●河川名　利根川水系鬼怒川支流コザ池沢
●釣り場位置　栃木県日光市
●主な対象魚　イワナ、ヤマメ
●解禁期間　4月第1日曜日～9月19日
●遊漁料　日釣券1000円・年券3000円
●管轄漁協　川俣湖漁業協同組合（Tel0288-96-0035）
●最寄の遊漁券発売所　瀬戸合見晴休憩舎（Tel0288-96-0028・川俣地区）、また漁協のホームページより遊漁券のネット販売を利用
●交通　日光宇都宮道路・今市IC降車。国道121号、県道23号で川俣湖方面へ進み渓へ

栃木県内では雪の多い地方なので、解禁当初は両岸から崩れ落ちた雪に閉ざされる場面に遭遇した場合、無理せず引き返すこと。特に雪渓処理（雪渓の認識・登り方・通過の仕方、下り方等）については1人の判断ではなく、パートナーの意見も聞き入れ安全第一を心がけたい。

●瀬尻にイワナが浮いていれば毛バリが面白い

苔むした岩と、きらめく流れに目を奪われながらも先を急ぎ、孫六沢を左岸に見たあたりからサオをだすと、梅雨の時期であれば場荒れも少なく美しいイワナに出会えるだろう。釣法はブドウ虫などでのエサ釣りに分がある。大きめのオモリを使い岩のエグレなどにエサを送り込む。アタリがあれば早アワセを心がけてほしい。ハリを飲ませすぎて魚体を痛めてしまっては元も子もなく、個人的にはリリースを心がけてもらいたいと願う。

この沢の大場所はコザ池ノ滝と魚止滝で、どちらも直登可能な滝である。しかしながら、雪解け期や大雨、台風の後な

非常にきれいなナメに癒される。盛夏なら少々一休みするくらいの余裕を持ちたい

ど水量が一段と増えるタイミングでは、釣りもここまでとあきらめて引き返すことをお勧めしたい。

夏の盛期には水量も落ち着き、軽快なシャワークライミングが楽しめる。ただし、登れる滝が必ずしも下れる滝とは限らないこともあるので、必要な装備の準備と日ごろからのトレーニングの重要性を認識して頂きたい。個人ではなかなか難しい装備の使用方法や現場での応用等、より実践的なトレーニングを行なう釣り同好会もあるので、そういった会へ所属することも個人のスキルアップにはよいと思う（我が宇都宮渓遊会でも入会希望者募集中です）。

瀬尻にイワナが付いているようなシチュエーションでは迷わず毛バリを振ってみたい。イワナは、エサの少ない時期にはリスクを背負ってでも水面直下までエサの捕食に走るという。アタリの取り方を説明すると、私は毛バリをくわえるイワナが見えないことが多いので、黄色いラインが引っ張られたことを確認するく

コザ池沢 F1。この滝の直登は無理なので右岸の踏み跡を利用して上流へ

らい一息おく、いわゆる遅アワセである。テンカラザオはコンパクトであり、ザックに1本忍ばせておいても損はない。1つの釣法にこだわることも大切だが、その時々に自分を合わせていくことが遊びの幅を広げるのにもつながっていく。しかしながら、大人になっても経済的な余裕に合わせなくてはならないことも事実であるため、何事も身の丈相応ということだろうか。

　以上、簡略ではあるが奥鬼怒・コザ池沢を紹介させて頂いた。この界隈にはまだまだ奥深い沢も多く、ご自分の足で、目で確かめられてはいかがだろうか。
（本宮）

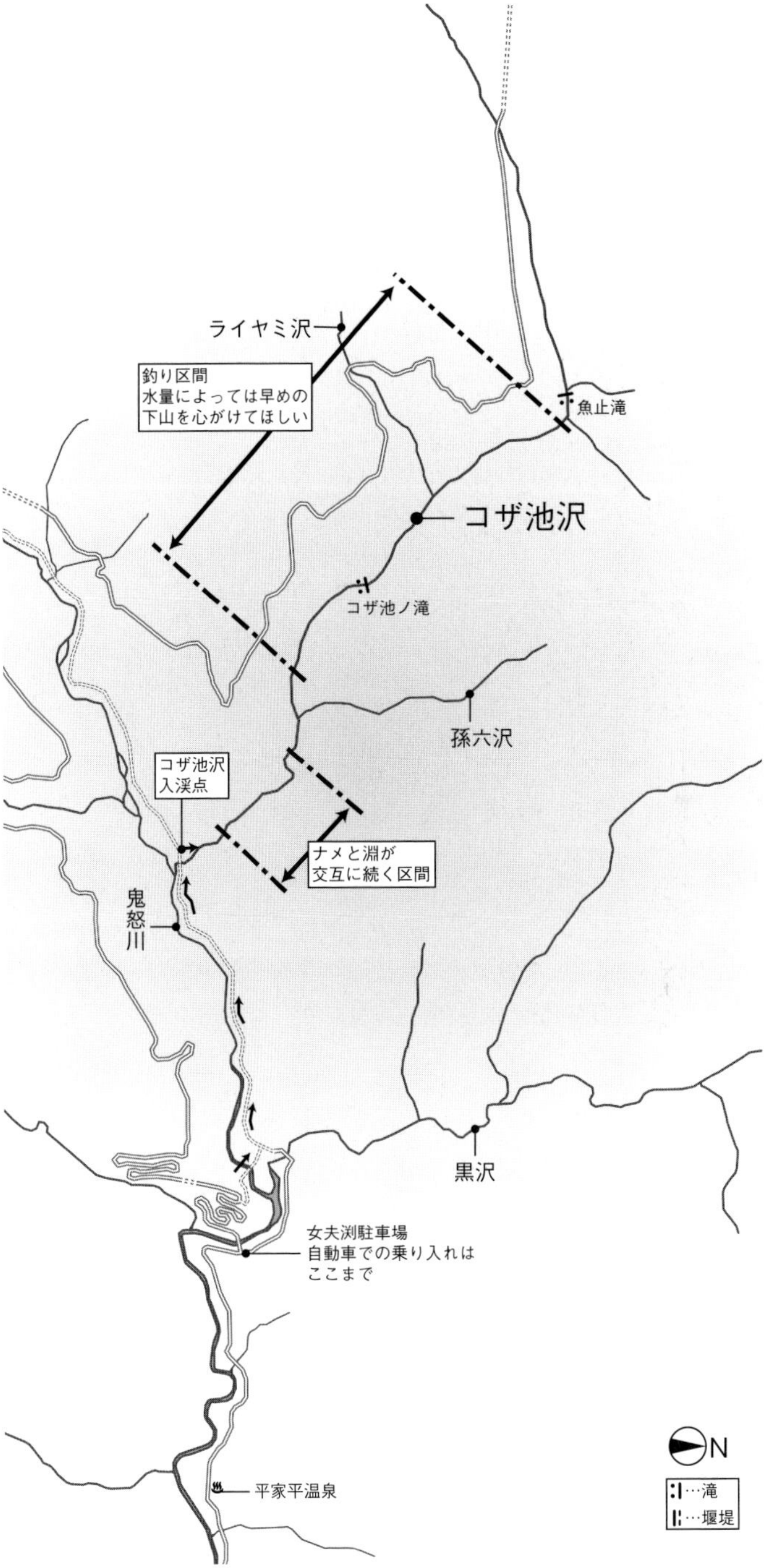

利根川水系

利《と》根《ね》川（最下流）

毎秒100t超の水量が緩やかな勾配を流れる
低温の強い流れに育まれた大型渓魚がターゲット

伊勢玉大橋上流を望む。流れがぶつかる岩盤際をねらって大型を手にしたい

●はじめに～利根川全体の概要

坂東太郎の異名を持つ利根川は古くから東国（関東）の大河とされ、筑後川（九州）、吉野川（四国）に並ぶ三大暴れ川の1つ。そして本来は東京湾へ注いでいた。しかし江戸時代初期に河川改修（利根川東遷事業）がなされ、現在では茨城県と千葉県の県境を流れる筋を本線として、千葉県銚子市・茨城県神栖市の境から太平洋に注いでいる。一方で分流された旧利根川（江戸川）は今なお東京湾へ注いでいる。

流域面積日本一を誇る利根川は、豊富な水量から治水や利水目的で数多くのダムが作られてきた。その水源をもつ群馬県では、他河川に見られない特色がある。それは標高十数メートルの関東平野で渓魚に出会えること。ダムによる人為的な操作により、発電や農業用水利用の目的

information

●河川名　利根川
●釣り場位置　群馬県伊勢崎市～佐波郡玉村町
●主な対象魚　ヤマメ、サクラマス、ニジマス
●解禁期間　3月1日～9月20日
●遊漁料　日釣券500円・年券4500円
●管轄漁協　東毛漁業協同組合（Tel0270-26-1143）
●最寄の遊漁券発売所　上州屋伊勢崎店（Tel0270-21-3308）、ほかにも付近のコンビニで取り扱いあり
●交通　関越自動車道・本庄児玉ICより国道462号で利根川へ。もしくは高崎玉村スマートICより国道354号利用

で豊富な水量が低水温のまま一気に下流域まで流れる時期が長くあるからだ。

利水としてダム放流を抑えた運用時期などには渓魚が上流へ移動し居場所を捜す。特に海から遡上するサクラマスや、戻りヤマメは、このダム運用で育まれた魚と感じてしまうし、利根川独特の環境に適合した渓魚なのではと想像してしまうほどだ。自然の摂理から考えれば寂しい川に思えるが、操作された流れの中でも元気に生き抜いている渓魚たちに出会えることを考えれば、現代ならではの釣り場ともいえる。

年間を通しておおむね安定した水量は、他の魚や水生昆虫たちも豊富に育む。それらを捕食する渓魚は尺に育つまで時間を要しないのも利根川の魅力でもある。

気になる水位状況は、利根川ダム統合管理事務所が一括して情報提供している。ダム放流状況や水位などの数値をリアルタイムで確認できるので、釣行前にはぜひ確認し、釣行中も活用したい。利根川ダム統合管理事務所（https://www.ktr.mlit.go.jp/tonedamu/）。

そんな利根川は群馬県に入るとさまざまな渓相を見せてくれる。管理する漁協も4組合あり、本項では上流、中流、下流、最下流とエリア別・各漁協に分けて案内したい。

●最下流エリアの紹介

東毛漁協が管理するこのエリアは、漁協の起点＝関東平野が始まる下流側・群馬県邑楽《おうら》郡板倉町の利根川の標高が約20m、上流側の終点＝佐波《さわ》郡玉村町の福島橋付近では約70mで標高差は50m。流程は約50㎞あり、この距離で約50mの標高差を流れることになる。すなわち河床勾配は1／1000（1000m上流に行くと1m高くなる勾配という意味）、かなり緩やかに流れていることがうかがえる。

しかし渓流釣りシーズン中、この付近では毎秒100tを超える水量が常に流れているので、緩やかな河床勾配とはいえ、押しの強い流れが印象的だ。そのうえ上流ダム群で発電に使われた水は、ほぼ送水管を伝わり前橋市の群馬県庁付近で本線へ注ぐので低水温を保ったまま下流へと運ばれる。この豊富な水量により、大型化したヤマメやニジマスがターゲットとなる。特に、川を往来する戻りヤマメや降海型サクラマスは解禁初期からねらえることが最大の魅力だ。

五料橋より下流の流れを望む。大ものが潜む厚い流れが続く

五料橋上流の流れ。水色が変わるブレイクラインにヤマメが付いていることが多い

●川床勾配の影響・遡上魚の移動について

まずメインとなるポイントは利根大堰下流が挙げられるが、ここは改めて説明するまでもない人気ポイントで、シーズン初頭から遡上魚ファンで賑わう。そこで今回は烏川合流から上流、東毛漁協の境界となる福島橋までの約10㎞区間に絞って説明したい。理由はこの付近で関東平野が終わり、徐々に河床勾配とともに流れにも落差が出始めるからだ。戻りヤマメやサクラマスがこの落差で遡上速度を緩めると思われる。また蛇行する流れのヨレなど、比較的サラッと流れる下流

伊勢玉大橋下流の渓相。玉村大橋へは右岸より橋のたもと、下流側の堤防から竹ヤブを越えてアプローチできる

利根川で出会える降海型サクラマスは45～50㎝が多い

部よりも変化を見つけやすく、川に続く進入ルートもあってアプローチしやすい。

10年ほど前、私は釣った戻り系のヤマメ10数尾を群馬県水産試験場に持ち込んだことがある。ヤマメの体内に耳石と呼ばれる炭酸カルシウムで形成された組織があり、その中に海水でしかない元素が含まれていれば降海型、すなわちサクラマスなのか調べてもらうためだ。結果40㎝を超えるヤマメは皆降海型サクラマスであった。彼らが東京湾から江戸川を経由して遡上してきたのか、太平洋から銚子を経て遡上してきたのかまでは判明していない。しかし耳石から分かったことがある。耳石は樹木の年輪のように輪になって形成されている。その輪は年輪ではなく日輪だ。これを一輪一輪の元素を調べれば、どの期間海にいて、いつから川へ遡上したのかが分かる。その結果、この区間で釣ったサクラマスは河口（海水）から3～5日で到達することが分かった。

東毛漁協エリアは銚子の河口から約180㎞、サンプル提出した最も上流は

利根川最下流部で要所に見られる代表的な1本に絞られた流れ。流れの脇をねらいたい

沼田市、約230㎞の距離だ。これにより1日50～60㎞遡上するサクラマスは広範囲をランガンして探るよりも、まずは河床勾配がきつくなり始める今回紹介する場所で待ち伏せしたほうが歩留まりのよい釣りができると考えるようになった。同じ遡上系の戻りヤマメも同じ速度、タイミングで遡上すると考えられるのでは？　と感じている。その好機は4月後半から6月。雪解けのダム放流が始まって5月中旬から最良の季節に入る。

●遡上ルートを捜し出せ

まずお勧めしたいエリアは河床勾配がきつくなり始める坂東大橋から上流、烏川合流から上だ。坂東大橋の左岸側には堤防を越した河川敷に砂利道があり、ポイントにアクセスしやすい。しかし台風の影響で砂利道が削られ、4輪駆動車以外は川岸際まで進めない箇所もある。その悪路を4輪駆動車で楽しむファンがいて、無数にある砂利道の中では走行困難な道も含まれるのであまり奥へ進まず、歩いて様子を見ながら進みたい。

目に留めておく流れは左右に流れの向きを変えたり、川幅が狭くなり1本に絞られて落差がある場所など、変化があるところを捜したい。この付近は台風や集中豪雨の影響で毎年流れが微妙に変わってしまうことも念頭に、釣行前にグーグルマップの航空写真などで確認してから望み、現地では脚で捜すことを覚悟しておきたい。

流れに変化のある場所は、渓魚たちにとっては遡上ルートに多少の迷いが生じ、ある程度の時間そこに留まっていると私は考えている。もしそこでコンタクトがあれば、同じポイントで次の遡上魚も留まる可能性が高い。したがって自身の脚で捜した場所は必ず次回の釣行に生きると感じている。また上流部の漁協管内では瀬あり淵あり落差ありでポイント選択に迷うほどだが、東毛漁協エリアには限られた数しかなく、絞り込むことが容易になる。

この砂利道は上流五料橋付近まで続いている。そして五料橋上流には伊勢玉大橋があるが、この付近へのアプローチは左岸側ならば伊勢玉大橋の下まで車で進むことができ、右岸側は玉村町東部スポーツ広場公園に駐車できる。左岸上流は岩盤むき出しの変化のあるポイントだが、ダム放流量が多い時は流れに覆われ岩盤には渡れない。右岸の玉村スポーツ広場公園前の流れは毎年一定量をキープし、アクセスもよくこのエリア一番人気のポイント。

玉村大橋下流の渓相を望む

玉村大橋上流の流れ。奥に見えるのは福島橋で、これより上流は群馬漁協の管轄となる

さらに上流の玉村大橋は右岸からのアプローチで、橋のたもと下流側の堤防から竹ヤブを越えて川へ降りられる。坂東大橋から玉村大橋までの区間にはこれ以外のアプローチもあるが、消波ブロックが積まれていたり切り立つ護岸の場所なので川へ行くことが困難だ。

先に述べたように、遡上ルートと思われる流れで釣果があれば、きっとシーズン中何度も同じルートで遡上魚に出会えるチャンスを秘めている。時間をかけてじっくりと見つけた流れをねらいたい。5月後半から6月初旬の釣行で出会える時間帯は、早朝から日が差す頃までと、日が傾く夕方が多い。盛夏からは水温が上昇してしまうので遡上魚は上流部に移動する。

●タックルについて

エサでのアプローチならば8mクラスの本流ザオ。川幅が優に100mはある流れには物足りなく感じるが、魚は流れに変化のある岸側に近いルートを遡上するため充分なスペックだ。また流れの押しが強いのと、急に深くなる場所が多いので立ち込む時は極力注意し、取り込む場所などやり取りを想定しておきたい。エサはクロカワ虫が現地で採取できるがキヂも持参したい。それぞれ数匹付けてアピールすることで釣果につながる。

ルアーならば8フィートクラスのロッ

流れの随所に見られる瀬の落ち込み。水深が浅くても遡上魚が付いていることもある

こんな大型が手にできるのも利根川ならでは

ドに8～14gのスプーンか7㎝ほどのシンキングミノーやフローティング。遠投は一気にルアーが流されるので、エサ釣り同様に岸側に近いルートから小刻みにねらいたい。

フライの場合はツーハンドが向いている。ウエット、ストリーマーやチューブ、ゾンカーなどがここでは一般的だが、自身で工夫を凝らしたフライを用いるアングラーも多い。ロッドは12～13フィート8～9番のスペイ。ラインシステムによってアンダーハンドやスカンジナビアなどで望む。玉村町東部スポーツ広場公園付近は開けているのでキャストの練習にも適しているため、これからスペイに挑戦したい方は練習と実釣を同時に行なえる。

日釣券は今のところ伊勢崎市内にある釣具店でしか購入できないのが少々手間。しかしサクラマスに出会える最初の釣り場として向かう価値のある釣り場だ。

（反町）

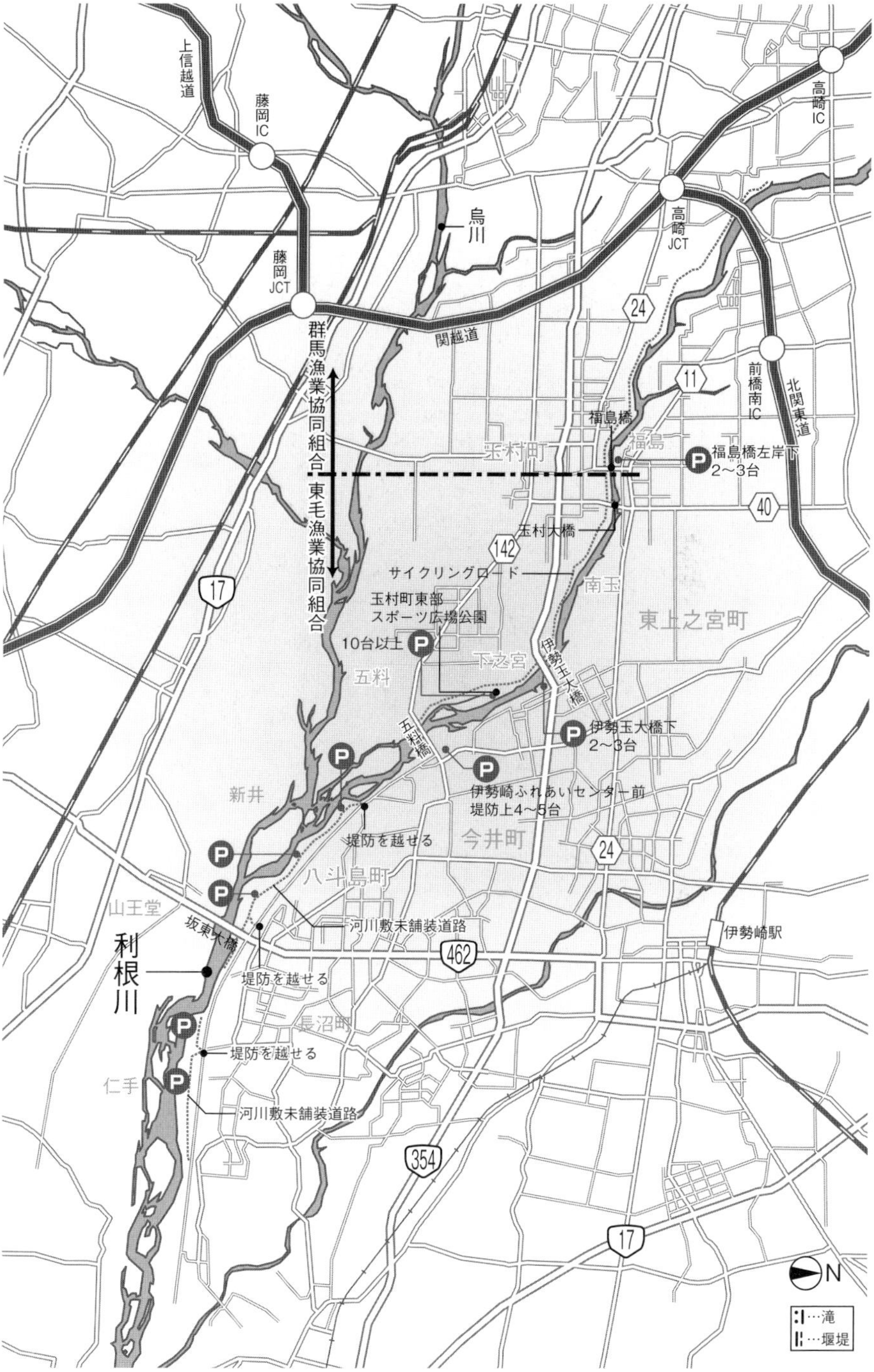
上信越道
藤岡IC
烏川
藤岡JCT
高崎JCT
高崎IC
関越道
24
前橋南IC
北関東道
11
福島橋
福島
玉村町
福島橋左岸下
2〜3台
40
群馬漁業協同組合
東毛漁業協同組合
玉村大橋
142
サイクリングロード
17
南玉
玉村町東部
スポーツ広場公園
東上之宮町
10台以上
下之宮
伊勢玉大橋
五料
五料橋
伊勢玉大橋下
2〜3台
伊勢崎ふれあいセンター前
堤防上4〜5台
新井
堤防を越せる
今井町
24
八斗島町
山王堂
河川敷未舗装道路
伊勢崎駅
坂東大橋
利根川
462
堤防を越せる
長沼町
堤防を越せる
仁手
河川敷未舗装道路
354
17
N
…滝
…堰堤

利《と》根《ね》川（下流）

広大な流れはサクラマス、戻りヤマメ釣りのメッカ冬季釣り場の放流で野生化した大型ニジマスも魅力

福島橋からの流れを望む。ここから群馬漁協の管轄となる

福島橋から上流・坂東橋までを管轄する群馬漁協のエリアを利根川下流として紹介したい。ここはいわずと知れた利根川サクラマス、戻りヤマメのメッカで、春先から多くのファンで賑わう。特に坂東大堰は5月、6月になると釣り人が絶えることはない。近年この堰は老朽化のため補強、補修工事が行なわれた。そのため堰下の流れは均一化され、昔のように明確な遡上ルートがなくなり今のところ整った姿になっている。また左岸に魚

横手大橋付近の渓相。緩やかに見える流れも、わずかでも変化のある場所を探して探りたい

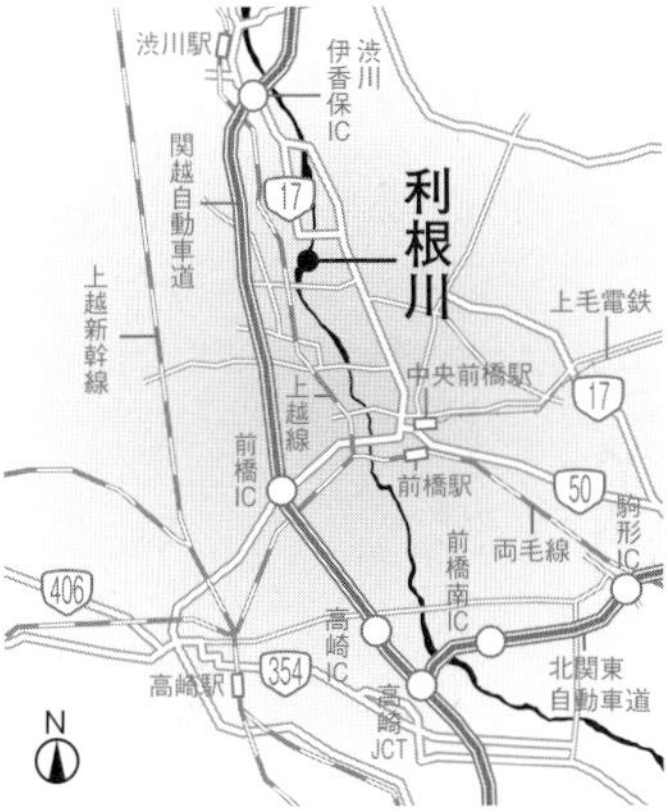

information

●河川名　利根川
●釣り場位置　群馬県前橋市～高崎市
●主な対象魚　ヤマメ、サクラマス、ニジマス
●解禁期間　3月1日～9月20日
●遊漁料　日釣券1500円・年券8000円
●管轄漁協　群馬漁業協同組合（Tel027-221-6712）
●最寄の遊漁券発売所　上州屋前橋店（Tel027-221-9731）、ほかにも付近のコンビニで取り扱いあり
●交通　北関東自動車道・前橋南ICを降車して福島橋付近へ。関越自動車道・前橋ICを降車して群馬大橋付近へ。渋川伊香保ICを降車して板東橋付近へ

道があるが、遡上しやすい魚道とはいいがたい。

通常の河川ならばこのような堰は禁漁区になるところだが、ここでは釣りができることでアングラーを引き寄せる一番の魅力の場所になっている。この堰の取水により、坂東大堰から下流群馬県庁までの約9㎞は6月に入ると落ち着いた流れになり、大小の岩や石、落ち込みなどが続き、どの流れを見てもアタリが得られそうで迷うほど。ここでのターゲットはサクラマスと戻りヤマメが主。遡上魚の季節の釣りは、早朝から日が差す頃と夕マヅメが一番魚が動く時間だと感じているが、出会える時間を正確に予測するのは困難のため、ランガンして多くのポイントを探るよりも1つの場所で集中したい。サクラマスは必ず目の前を通過して遡上するので、自身の釣法スタイルに合った場所で待ち伏せし、じっくりねらいたい。

また毎年、敷島公園付近で開催される冬季釣り場で残ったニジマスが野生化し、流れに潜んでいるので気が抜けない。近

群馬県庁付近の流れ。ここから下流はダイナミックな流れが続き、遡上魚に出会える可能性が増す

昭和大橋からの流れを見る。手前に見える沈み岩周辺もねらってみたい

大利根緑地公園付近の流れ。折りたたみ自転車を駆使してよさそうな流れを捜しながらサオをだすのもオツだ

年はハコスチと呼ばれる引きが強く魚体もきれいなニジマスも放流され、50㎝を超えるものもいるのでかなりの引きを味わうことができる。

この区間の駐車スペースは両岸に随所にあり、入川も困らない。また、堰を含めエリア全体のアングラー数が多く、トラブルを避けるため先行者に考慮して充分な間隔を空けて入川したい。

●ダイナミックな流れと景色

群馬県庁から下流、漁協の境界となる福島橋までの約10㎞区間はガラリと印象の違う釣り場になる。遡上魚のシーズン中は発電に使われた水が群馬県庁下から利根川本流に注ぐ。その量は毎秒100t前後にもなり、流れはダイナミック。さらに浸食されて一段低い場所を流れるので、上流部のような街中の雰囲気はなく、より荒々しい景色になる。この付近の左岸は切り立った崖、住宅地のため川へ向かうルートはない。

駐車スペースは多くないが右岸には自転車専用道が整備されている。釣りザオ

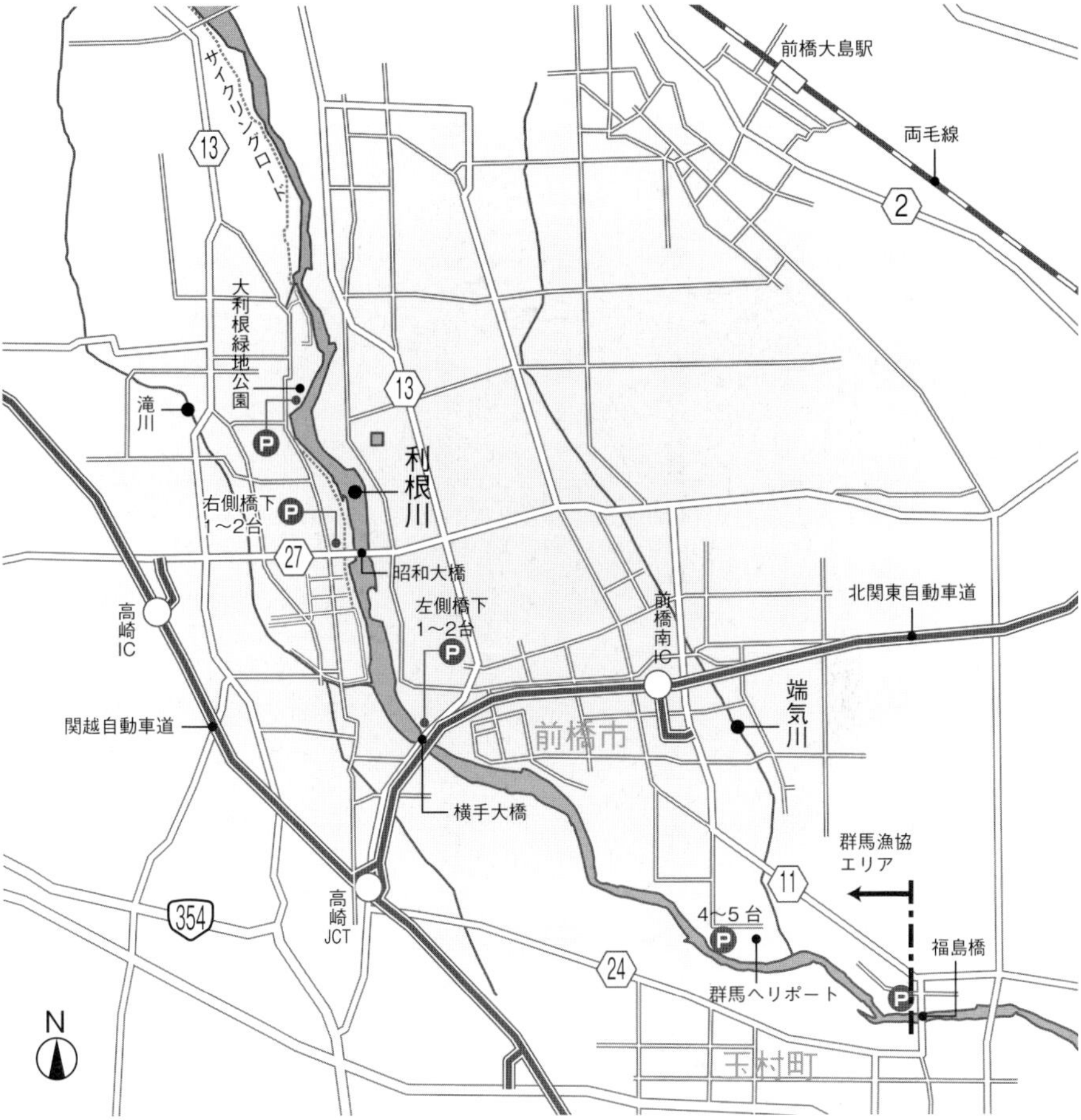

を担いで流れを見ながら自転車でポイントを探るのもよい。大利根緑地公園はその拠点となる場所。上流は群馬大橋付近、下流は昭和大橋付近までがカバーエリア。折りたたみ自転車等、車内に積んで望みたいところ。ダイナミックな流れが続く景色に圧倒されるが、蛇行した流れ、落ち込みなどの変化が目に入ってくるのでじっくり探っていこう。また流れの押しが強いので、当然ウエーディングにも細心の注意を払って入川したい。

　ここでのターゲットもサクラマスや戻

利根橋付近の渓相。この辺りから浸食した流れになるため、上流部と雰囲気がガラリと変わる

利根橋からの流れを望む。上流エリアよりも釣り人が少なく、ゆったりのんびりと流れが楽しめる

大利根緑地公園付近で出会えた尺超えの戻りヤマメ

りヤマメ、ニジマスで、このエリアはアングラーでひしめき合う上流部よりもいち早く遡上魚に出会えるうえに、ゆったりのんびりと流れを探れる。

●タックルについて

さらに下流の群馬へリポート、漁協の起点福島橋付近ではツーハンドのスペイで望むアングラーが多い。群馬漁協エリア全体にいえることだが、川の規模、流れの強さ、アプローチのしやすさなどがツーハンドに向いており、独自に考案したフライで望むアングラーも多い。これからスペイの釣りを始めたい方にもお勧めだ。

エサ釣りならば8mクラスの本流ザオに1号以上のハリスで望みたい。サクラマスやニジマスの大型を掛けると、強烈な引きと流れの強い押しがプラスされるので豪快なやりとりが予想される。魚に主導権を持っていかれないように、掛けてからいなして取り込むまで一連の流れをイメージして仕掛けを投入したい。クロカワ虫が現地で採取できるが、キヂも

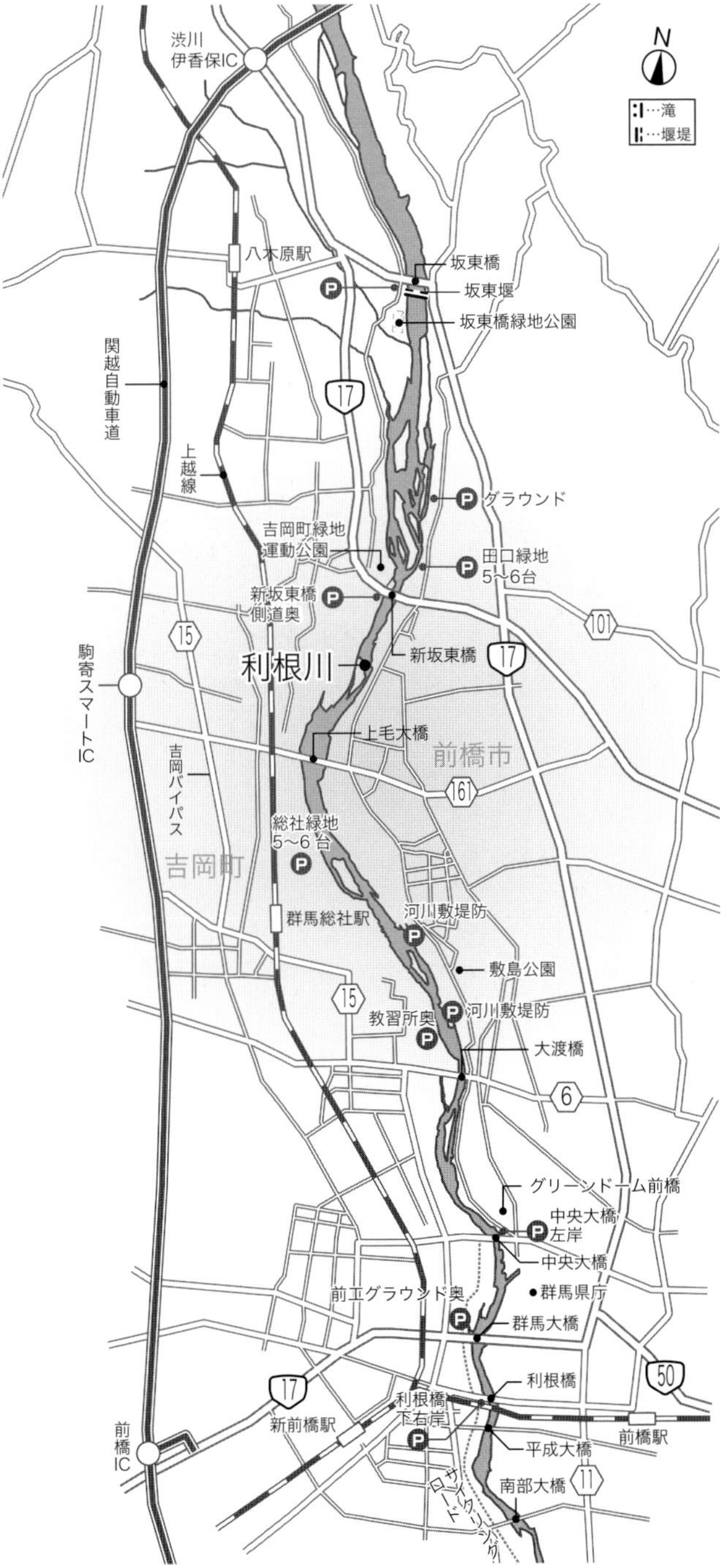

持参したい。

ルアーなら7~8フィートのロッドに5~7cm5~14gのスプーンを、ミノーは7cmを基本にシンキング~フローティングを、流れの強さに合わせて選択したい。スプーンはヒラキ、ミノーは瀬の中をねらうのに適している。瀬の強さによってはルアーをリトリーブしただけで浮き上がってしまうことも多く、渓魚が追いきれないほどの速度でルアーが流されてしまう。基本的なアプローチは、エサの仕掛けのように上流へ投入し、流れに沿って泳がせるように、また控えめなアクションを演出することで釣果につながる。

7月に入るとこのエリアは水温が上昇し、釣行は朝夕のみになる。この頃の遡上魚はさらに上流へ移動しているので真夏の釣行は上流部をお勧めする。(反町)

利根川水系

利《と》根《ね》川(中流)

開けた渓相から蛇行を繰り返しやがて谷間の流れへ
解禁当初は「赤城おろし」の風にも注意

「利根は坂東一の川」これは群馬県民なら誰でも知っている上毛かるたの「と」の札。群馬県内の利根川に絡む名称で「坂東」という言葉をよく聞く。本来「坂東」は関東地方全体の古名だが、群馬では利根川を坂東太郎、坂東川、坂東さんなど親しみを込めた言葉で呼び、それが根付いている。この中流部を管理する漁協も阪東漁業協同組合という名称だ。ただ「坂東」の表記が一般的なのだが漁協は「阪東」と表記している。その理由を以前聞いたことがあるのだが、詳細な理由ははっきりと返ってこなかった。恐らく大坂が大阪に表記を変えた理由と同じなのかもしれない。

関越自動車道・第一利根川橋付近の流れ。大小の浮石が重なり、えぐれているポイントがねらいめだ

余談になってしまったが、阪東漁協エリアは群馬県の中心、渋川市を流れる。漁協の起点である坂東橋から吾妻川合流までは渋川市の街中を流れ、開けた渓相。その上流から渋川市と沼田市境界の漁協終点までは、赤城山と子持山に挟まれ流れは大きく蛇行を繰り返し、谷間の雰囲気そそる景色が広がり、それぞれ印象が大きく変わる。

●坂東橋から吾妻川合流まで

年を越した良型ヤマメが解禁初期からねらえるエリア。関越自動車道の第一利根川橋下の左岸は、上下とも長い距離が護岸されていて車での進入も容易。瀬を中心とした流れが続くが石も大きく、大小の石で形成された流れには浮き石が重なりエグレている箇所も多いので、一場所一場所じっくりねらいたい。

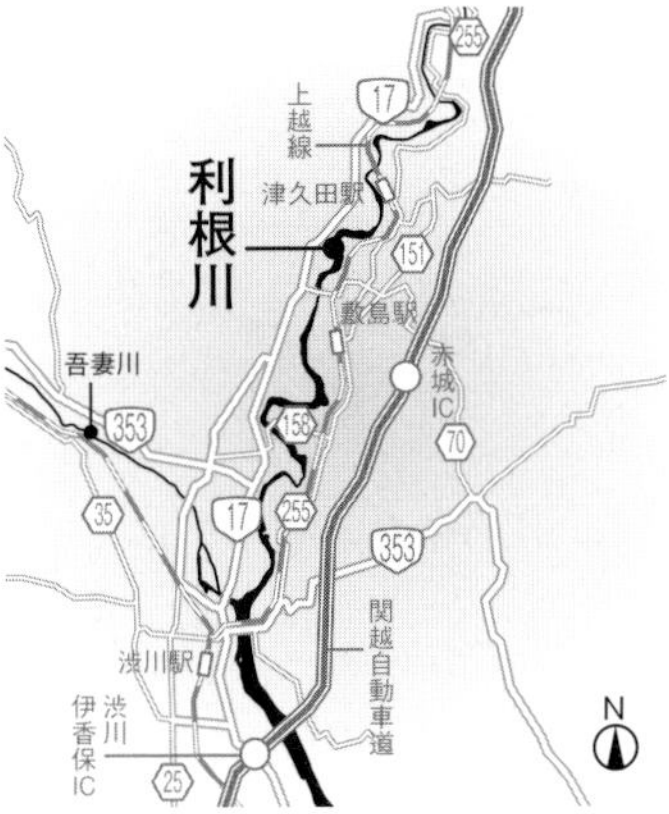

information

●河川名　利根川
●釣り場位置　群馬県渋川市
●主な対象魚　ヤマメ、サクラマス、ニジマス
●解禁期間　3月1日～9月20日
●遊漁料　日釣券1500円・年券7000円
●管轄漁協　阪東漁業協同組合（Tel0279-24-1343）
●最寄の遊漁券発売所　松居釣具店（Tel0279-23-3985）、ほかにも付近のコンビニで取り扱いあり
●交通　関越自動車道・渋川伊香保ICを降車して第一利根川橋付近へ。赤城ICを降車し県道255号、もしくは国道17号を経由して上流方面へ

吾妻川合流は右岸側から河原に進入できる。吾妻川の上流には草津温泉や万座温泉といった強酸性の温泉がある。温泉地下流では中和しているうえ、酸性ではない他の支流も混じって利根川へ合流するので酸性度はかなり希釈されているはずだが、吾妻川へ遡上するサクラマスやヤマメは極端に少ない印象。そのため合流では利根川筋をねらいたい。

いずれにしても合流は遡上魚の分岐点、どちらに遡上するか迷うはずで、時間をかけてじっくりねらいたい。また通常合流での吾妻川の水量はさほど多くないので、右岸側からでも利根川筋へのアプローチは容易だが、吾妻川に八ッ場ダムが建設され運用を開始したため、ダム放流状況によっては水量が多い時もあるので釣行前に確認したい。この付近での日釣券は、大正橋左岸のたもとにある松居釣具店で購入できる。

●吾妻川合流から沼田市境界まで

このエリアは釣り場の奥が深い。瀬あり淵ありトロ瀬あり落差ありと、ダイナ

関越自動車道・第一利根川橋付近は年を越した良型ヤマメが解禁初期からサオを絞り込む

宮田橋下流の流れ。瀬が両岸に広がり長ザオも容易に振れる

吾妻川合流付近、大正橋から見た下流の流れ。阪東橋まではこのような開けた流れが続く

ミックな渓相が続く。このエリアは5月から6月の釣行をお勧めしたい。素晴らしいロケーションの中、春先から始まるダム放流で磨かれたきれいなヤマメに出会うことができ、サクラマスや戻りヤマメなどの遡上魚もねらえる。

まずは、しらゆり聖苑裏の流れがお勧め。道を進んだ先が利根川へ続き駐車スペースがある。付近は流れが崖にぶつかり、大きな淵になってよどんだ流れから瀬へと続いている。その上流・宮田橋はたもとから両岸へ入川できる。橋上流は大きな淵になっていて流れ込みから上に瀬が続く。下流側は両岸に広がる瀬の一筋一筋を丹念にねらってみたい。さらに上流・津久田駅下流もお勧め。

通称・送水管と呼ばれるエリアも流れが変化に富んでいて広範囲に釣り歩くことが可能。右岸からはファミリーマート渋川上白井店（日釣券あり）脇から、左岸は沼尾川合流から進入できる。続く上流・棚下付近から綾戸にかけてはさらに谷が狭まるエリア。川を通して歩けないので左岸なら棚下にある堤防から、右岸

宮田橋上流の渓相。大きな淵の流れ込みから上には瀬が続く

敷島橋から上流の流れを望む

敷島橋から見た下流の流れ。瀬あり淵ありトロ瀬ありとダイナミックな渓相が続く

は綾戸橋上流スノーシェッドを越したところに駐車可能。棚下対岸の、ひするまキャンプ場はオートキャンプ場。デイキャンプも受け付けているので、ここを拠点に上下の流れをねらうには最良なキャンプ場だ。

●釣法別アドバイス

解禁初期は淵やトロ瀬など比較的水深のある場所がポイントの中心になる。また群馬では「赤城おろし」という言葉がある。冬季に新潟方面から谷川連峰を越えて赤城山麓に吹き下ろす冷たい北風のことで、おおむね3月に入っても吹くことが多い。しかもこの付近は赤城おろしが直接当たる場所なので、釣行プランは風の予報も加味しておきたい。

そのためエサならば6・1mクラスの渓流ザオで、風を考慮した短ザオ仕掛けで大小石のヨレを小刻みに正確にアプローチすることが可能だが、多少のウエーディングが必要だ。足腰に自信のない方は8mクラスの本流ザオが一般的。そして、ヤマメがいるであろう層まで仕掛け

棚下付近の流れ。右岸にひするまキャンプ場がある

津久田駅下流の流れ。通称・送水管と呼ばれている。両岸からサオがだせる

綾戸橋上流の流れ。橋上流右岸からアプローチできる

綾戸橋下流の流れ。谷が深く川通しで歩くのは困難

を届けるため、軽すぎず重すぎないオモリの選択に気を使いたいところ。特に阪東漁協エリアの瀬は、重すぎる仕掛けは根掛かりが多発するので注意したい。エサは現地でクロカワ虫の採取が可能だが、5～6月からはキヂやブドウ虫も持参したい。

ルアーならば7フィートのロッドで5～7㎝のシンキングとフローティングミノーを選択する。そして流れの強さを考慮してサイズ、重さをローテーションしながらルアーの流れへの馴染み方を確認しつつ探っていく。比較的押しが強いと思われる瀬では複雑に流れがヨレているので、ヤマメがエサを待つ緩流帯が随所に存在する。その流れに一瞬でもルアーが入りヤマメが視認すれば、バイトまで持ち込める可能性は高い。遡上系のヤマメも同様で、瀬の釣りは淵の釣りよりも反応が早い。

またこのエリアは日中のハッチが少ないので、フライはドライフライでの釣果は望めないため、ウエットでのアプローチになる。

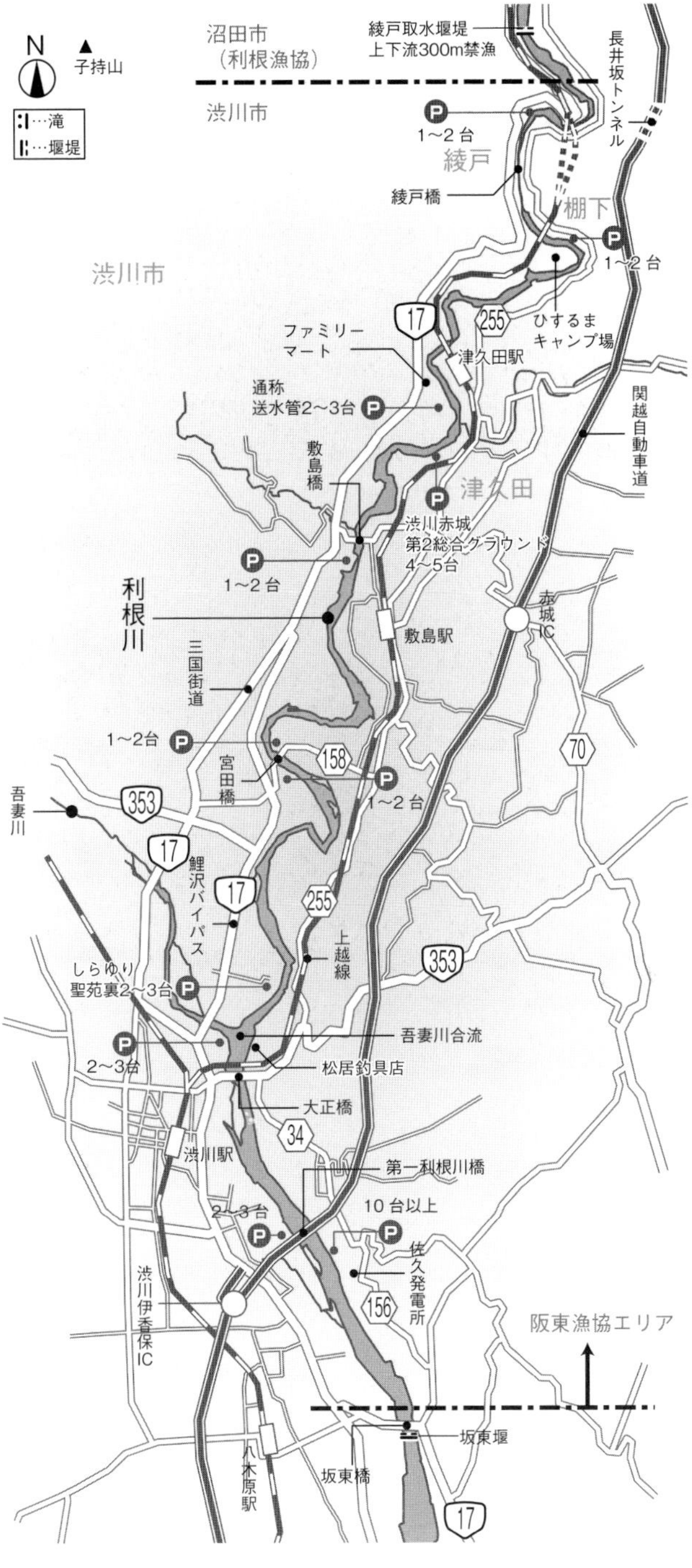

テンカラの瀬釣りは、このエリアでは理想的な釣法だと感じる。流れに適度に馴染む逆さ毛バリは、ねらったポイントに沈めるというより流れに滑り込ませて流すことが可能だ。根掛かりも少ないのでストレスなく瀬に向き合うことができる。4・5mクラスのテンカラザオに、ハリスも含め8mほどのテンカララインで望みたい。

5月からは瀬を中心にしたアプローチで釣果が望めるが、7月に入ると梅雨明けからは上流ダム群の運用も休止し流れに勢いがなくなり、日中の釣りが厳しくなることが多い。しかし台風や集中豪雨の予報次第では事前放流で流れが復活することもある。盛夏の釣行では特にダム放流状況を確認して望みたい。（反町）

利根川水系

利《と》根《ね》川（上流）

ダム群の放流状況による水位の見極めも重要
けた違いの豊富な水量が育む渓魚との出会いに期待

岩本町付近の流れを望む。瀬が続く流れで梅雨がベストシーズン

利根川上流域は利根漁協が管轄するエリアを紹介する。同漁協は利根川のほか片品川、赤谷川、湯檜曽川など、沼田市以北の全河川をカバーしているので、川をまたいだハシゴ釣行にも都合がよい。そのメインとなる川は何といっても利根川本流、しかも沼田からみなかみエリアだ。けた違いに豊富な水量や規模、出会える渓魚のサイズ、どれをとっても奥が深く魅力的な川である。

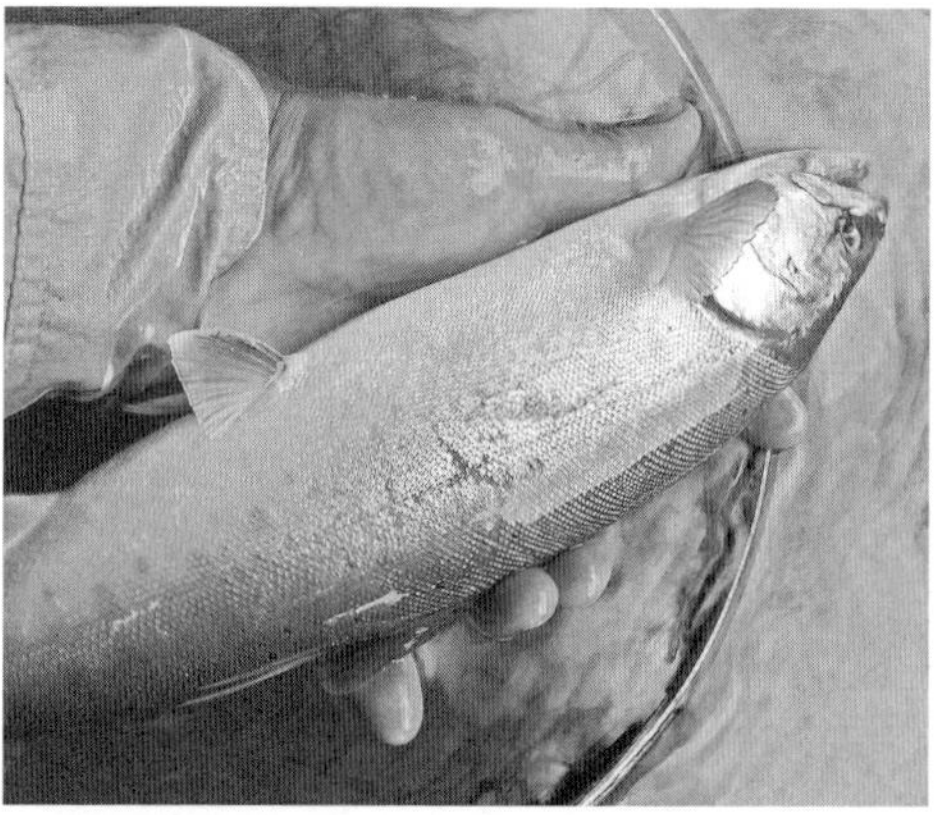

矢瀬橋上流で出会えた尺上ヤマメ

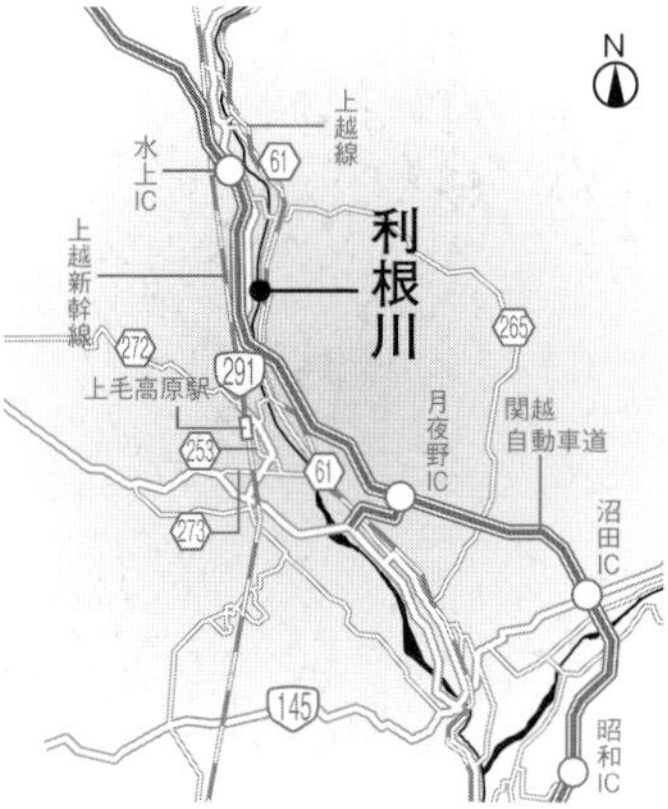

information

●河川名　利根川
●釣り場位置　群馬県沼田市～みなかみ町
●主な対象魚　イワナ、ヤマメ
●解禁期間　3月1日～9月20日
●遊漁料　日釣券2000円・年券9000円
●管轄漁協　利根漁業協同組合（Tel0278-22-4516）
●最寄の遊漁券発売所　セブンイレブン群馬みなかみ町店（Tel0278-72-4711）、ほかにも付近のコンビニで取り扱いあり
●交通　関越自動車道・月夜野ICを降車し県道61号、国道17号で各ポイントへ。上流部は水上ICを降車し国道291号を利用

利根川の始まりは、越後山脈の南に位置した群馬、新潟、福島の3県をまたぐ大水上山が源になる。2000m級の山々が連なる上流部はいわずと知れた関東の水源地であり、数々の多目的ダム群により流量が管理され、流れは周年人為的に操作されている。その影響を一番受けやすいのが上流域だ。

解禁当初からだんだんと気温が緩むにつれ雪代が始まるのが通常の河川だが、利根川は雪解け水を一時ダムに蓄えるため、本格的に雪代のダム放流が始まるのはゴールデンウイーク頃からで、6月いっぱいまで続く。逆に7月から9月の禁漁までは治水に入る季節のため、流量に大きな変化はなく、渓魚の反応が鈍くなってしまう。しかし集中豪雨や台風の予測で事前にダム放流することもあり、そうなると渓魚もふたたび活発になるので、水位の増減データを見ながら釣行プランを立てるのも楽しさの1つでもある。

●沼田市岩本町付近

ここは解禁当初から梅雨時期がベスト

月夜野大橋より上流の流れを見る（ダム放流のない低水時）

地蔵橋上流の渓相を望む（ダム放流のない低水時）

諏訪峡大橋から上流の諏訪峡を望む

矢瀬橋上流の流れ。右岸に駐車スペースがある

タイミング。下流の綾戸ダムで年を越したと思われる、たくましいヤマメやイワナに出会うチャンスのある場所。国道17号沿いに堤防を下れるところが数箇所あり、駐車スペースもあるので入川はしやすい。片品川合流付近は久呂保橋上流左岸から川へ進める。水位が高すぎる時は入川が困難なエリアなので、釣行時が5月からの場合はぜひダムの放流状況を確認したい。

ちなみに、雪代のダム放流が始まって1週間ほどは、水温・流量ともに変化がありすぎるため渓魚が慣れるまで反応は鈍い。しかし慣れてしまえば逆に活発になる。特にこのダム放流でイワナは高活性になるので、ランガンしてあちこち移動せずに1つの場所でじっくりねらいたい。雪代イワナのお勧めの場所は、地蔵橋上の薄根川合流付近と赤谷川の合流付近。特に赤谷川の合流は高活性イワナの分岐点になっている感が強く、ダム放流が落ち着く5月中旬から6月初旬の釣行ではぜひ挑戦したい場所。この付近は右岸左岸ともに入川できる。

●矢瀬橋周辺&みなかみ温泉付近ほか

ここは大きな岩と落差のある瀬が続き、良型ヤマメに出会える可能性を秘めている。仮に先行者がいても、日中でも複雑な流れにいるヤマメは移動していることもあるのであきらめず望みたい。右岸から入川出来る。

岩本から赤谷川合流、矢瀬橋周辺は6月後半から流れがやせ始め、7月に入ると日に日に渓魚の反応も鈍くなるので朝夕の時間に絞りたい。その頃なら、水上温泉付近がお勧めだ。まず諏訪峡という名の渓谷が我々を迎えてくれる。近年の台風で通行止になっていた遊歩道も再整備され、笹笛橋から銚子橋まで左岸を通しで渓谷を歩ける。両橋の距離は約1㎞、途中回避する道はないので通しで歩くか、両橋にある駐車スペースからそれぞれ歩

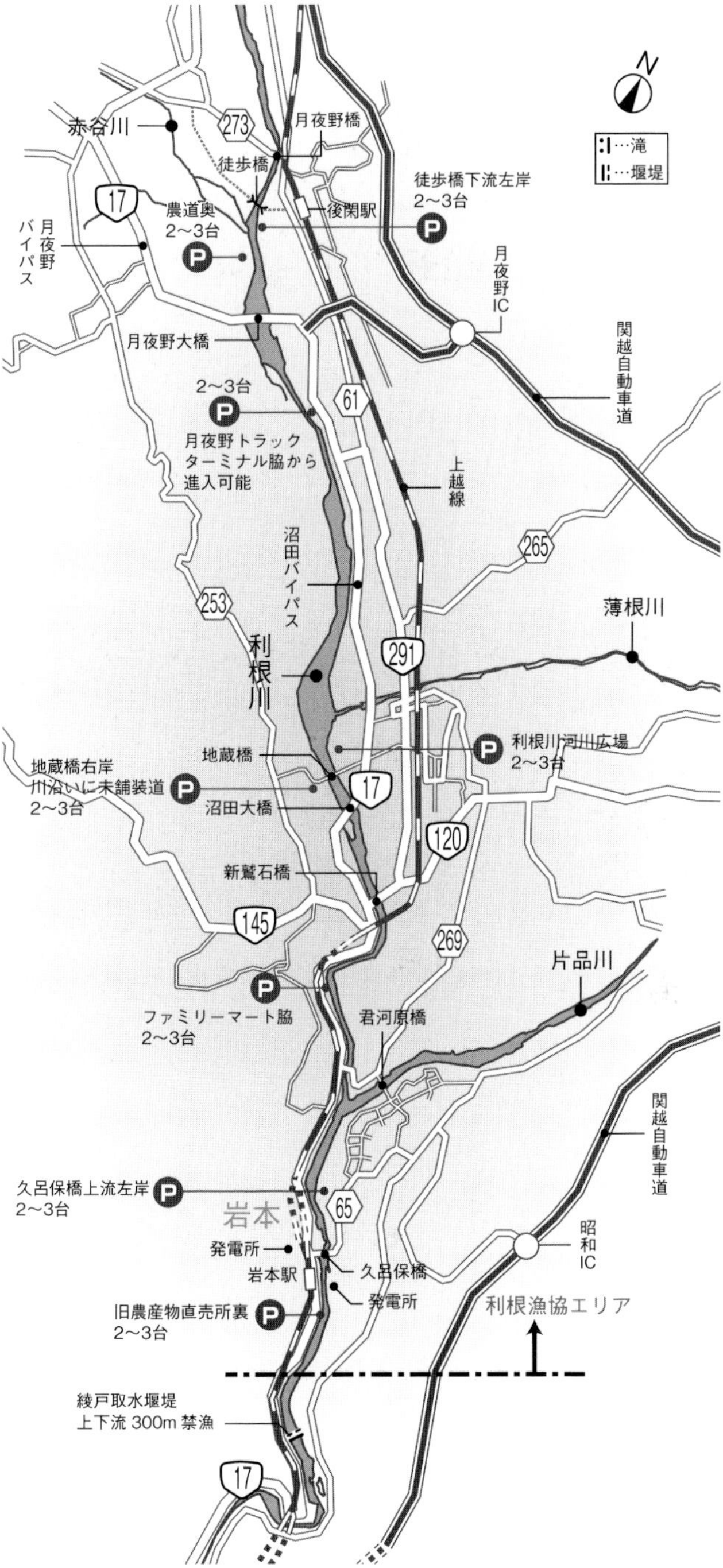

水上駅前の流れ。広々とした河原は長ザオも振りやすい

笹笛橋より上流の流れを望む。ダム放流中の最盛期の利根川の姿だ

水上温泉よりも上流の流れ。ダイナミックな渓相で良型ヤマメに出会える

落差のある流れで掛かった推定 45㎝の雪代イワナ

くことになる。淵続きの渓谷は渓魚の基本となる住処のため魚影は多いが、生活習慣が決まっていて出会えるタイミングはわずか。水位増減の変化もない日は、朝夕に的を絞ったほうがよい。

　日中ならば、水上駅前の流れがお勧め。アンクルベアーというラフティング事務所の脇から川へ降りられ、降りた先の上下は未舗装道が続く。付近は瀬が続いているため終日活性の高いエリア。またダム放流が始まるゴールデンウイーク頃からラフティングでも賑わう。ダム放流が盛んな頃はさほど影響はないが、水位が下がってくるにつれ渓魚たちの警戒心も大きくなる。ラフティングの人たちとトラブルにならないようにも注意したい。

●釣法別アドバイス

　アプローチはエサならば8mクラスのサオにクロカワなどの川虫で望みたいところだが、水況によっては現地で採取することが難しい。そのためキヂとブドウ虫を常備したい。ダム放流中は重めのオモリで流れの脇底をゆっくり流し、じっくりねらってみたい。ダム放流が収まる頃は瀬を中心に軽めのオモリでさらりとした流し方を意識したい。

　またダム放流時期はルアーで良型が期待できる。表面の強い流れをかわして沈めたルアーは渓魚の視野に入ってくるので、チェイスしてヒットに持ち込める可能性が高い。そのためスプーンなら５㎝６～８g、ミノーは５～７㎝のシンキングで望みたい。

　盛夏はテンカラやフライの出番といいたいところだが、ダム放流のない日でもラフティングで賑わうことが多く、終日楽しむには多少厳しい。周辺には魅力ある支流も多いので、そちらに移動したほうがメリハリのある釣行を楽しめるはずだ。

（反町）

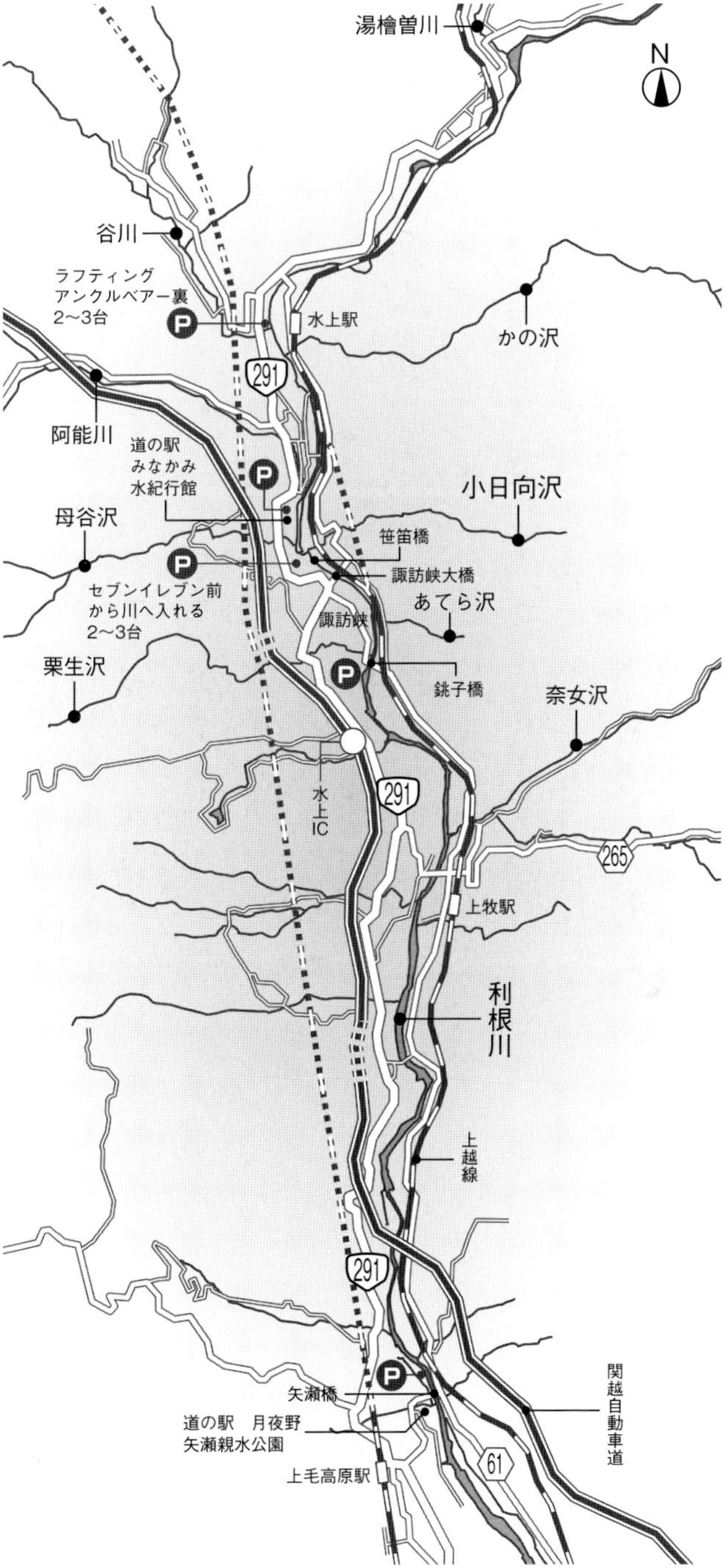

利根川水系

渡《わ》良《た》瀬《ら》川《せ》

街中を忘れるロケーション、大型魚との出会い
C&Rエリアには選抜されたきれいな魚体を放流

桐生大橋付近の流れ。街中を忘れるほどの美しい渓相が広がる。大物の気配も濃厚だ

C&R区間で出会えた綺麗なヤマメ

渡良瀬川は利根川の支流の中でも最大の流域面積を持つ河川だ。群馬、栃木の両県境にある標高2144mの皇海山が源で、松木川、神子内川などの流れを集め、栃木県足尾町で渡良瀬川と名を変える。その後は群馬県側へと流れを変え、みどり市、桐生市を経てふたたび栃木県足利市を流れる。そのため上流（足尾町漁協）、中流（両毛漁協）、下流（渡良瀬漁協）と3漁協が存在する。今回は中流域（群馬県みどり市、桐生市）を管轄す

information

●河川名　利根川水系渡良瀬川
●釣り場位置　栃木県桐生市～みどり市
●主な対象魚　ヤマメ
●解禁期間　3月1日～9月20日
●遊漁料　日釣券1500円
（現場売り3000円）
年券8000円
（5月1日以降8500円）
●管轄漁協　両毛漁業協同組合
（Tel0277-32-1459）
●最寄の遊漁券発売所　セブンイレブン 桐生相生店（Tel0277-54-4756）、ほかにも付近のコンビニ、コンビニ端末、ネット販売もあり
●交通　北関東自動車道・太田桐生IC降車。国道122号を利用して上流部へ

る両毛漁業協同組合エリアにフォーカスして解説したい。

●安定した水量の昭和橋下流～赤岩橋上流

この付近の渡良瀬川は街中を流れる大規模な里川といったロケーションだが、両岸にある堤防間の河川区域はかなり広く、いざ川に入れば街中であることを忘れる景色とさまざまな表情を見せてくれる。最大の魅力は良型のヤマメと現実的に出会えるところ。その可能性が一番あるエリアは、昭和橋下流（太田頭首工）から赤岩橋上流（市民広場）の約5㎞区間だ。

昭和橋下流には太田頭首工があり、ここで取水されてしまう流量が多いため、堰の下流にある松原橋から下流では流れが痩せて不安定な流れの時もある。近年はそれを顕著に感じることが多く、今回は下流エリアを割愛した。もちろん季節、流量によっては良型に出会えるエリアでもあるので、今後の水の動きに注目していきたいところ。

逆にいえば、太田頭首工から上流の渡

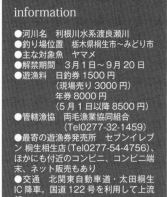

キャッチ＆リリース区域内、相川橋付近の流れ。足場もよく気軽に楽しめる

良瀬川は以前と変わらない流れを保っており、渓魚の状態も変わらない印象を受けている。なお太田頭首工の上流１００ｍ、下流２００ｍは禁漁区ということを認識して望みたい。

錦桜橋付近は解禁当初から成魚ヤマメを放流するエリアで、放流日は多くのファンで賑わう。ファンも多いが放流量・回数も多いため、釣り切られることはなく川に留まるヤマメも少なくない。そのため放流日以外でも充分楽しむことができるうえ、年を越した見事なプロポーションのヤマメにも出会える。釣り場も深い淵あり、ガンガン瀬ありと変化に富んでいる。

川へのアプローチは河川敷にグラウンドや公園などがあり、進入容易な場所も多い。おおむね橋のたもとから入川出来るが、各橋の間は川沿いに繋がっている道も少なく、マイカーでの進入には限度があるので、そこから先は自分の足で稼ぐことになる。

季節の概況は、解禁当初は穏やかな流れを保つ日が続く。梅雨入り頃からは農

相生橋C&R区間でルアーを楽しむ。バーブレス・シングルフック1本のみの使用がレギュレーションだ

業用水の供給で上流・草木ダムからの放流量が増えるため、この付近の流れはダイナミックになる。また草木ダムの下流にある高津戸ダムで一旦流量が調整されて増減なく安定した水量が下流側へ供給されるうえ、草木ダムから高津戸ダムまでは送水管で送られるので、気温が上がる季節でも桐生市内の渡良瀬川は低水温を保った流れになる。

初夏からの季節はヨシなどボサが川岸まで覆い始めるので、ヤブ漕ぎしながらのアプローチを覚悟しなければならない。そのぶんヤマメもそれぞれの流れで一回り大きくなり、筋肉質な体型に変わっている。

捕食の角度から考えれば、渡良瀬川は水生昆虫が豊富なことが大型を育む要因として挙げられる。一般的なエサを挙げると、クロカワ虫（トビケラ類）、キンパク（カワゲラ類）、ピンチョロやスナムシ（カゲロウ類）だ。

エサ釣りの場合、クロカワ虫が比較的現地で採取しやすい。サオは8m以上は必要な場所が多い。

高津戸橋付近の C&R 区間は淵が連続するメリハリのある渓相で楽しめる

また毛バリでのアプローチも楽しいのが渡良瀬川の特徴。5〜6月は成虫になる川虫が増えるため、それらにマッチした毛バリで望めば幼虫を使うエサ釣りよりも確実に釣果が上がるはずだ。規模の大きな川なので、テンカラの場合、テンカララインとハリスを操作できるぎりぎりの長さで望みたいところ。一般的な逆さ毛バリで望んでも釣果を充分期待できるが、渡良瀬川ではフライフィッシャーも多い。日が差し始めた日中にハッチ（羽化）が多く見られるのがその理由。早朝は川虫で、日中は毛バリで望めば変化に富んだ釣行になるはず。

さらに、渡良瀬川はウグイ、オイカワなどの魚影も多い。尺前後のヤマメはフィッシュイーターとなるため、ミノーやスプーンなどルアーでのアプローチもスリリングなやり取りが期待できる。

●C&Rエリアというもう1つの魅力

赤岩橋上流の山田川合流付近（通称団地裏）からはねたき橋までの約3・5㎞はキャッチ&リリース区間となっている。

魚を持ち帰りたい方には魅力がないかもしれないが、エサ、フライ、テンカラ、ルアーとすべての渓流釣りスタイルで望むことができる。

また、ヒレや魚体の状態がきれいな選抜された個体を放流している。大型ヤマメもいるので大ものとのやり取りの勉強にもなるはず。慣れた釣り、これからやってみたいジャンルの釣りを実釣トレーニングするには最適な場所だ。バーブレス・シングルフック1本のみを使用すること、またビクの持ち込みは禁止されているので注意したい。

放流して間もない時期ならば魚も口を使いやすいが、時間が経つにつれ工夫が必要になってくる。たやすそうで意外と奥が深いのもC&Rエリアの特徴。瀬の釣りを楽しみたいならば相川橋周辺がお勧め。淵の釣りが楽しみたいなら高津戸橋周辺の渓谷がよい。

今回紹介した渡良瀬川は比較的石が大きく流れの押しも強いので、思わぬ場所で足を取られかねない。ウエーディングする時は細心の注意で望みたい。

また、近年の台風で減ったかに思われた野生のイノシシも少なからず河川で生活している。遭遇事故はほとんどないが、ウリ坊（イノシシの子供）が生まれ育つ春から初夏にかけて、もしも見かけた場合は不要に近づかないほうがよい。必ず親が近くにいるので突進されたら大変危険だ。

（反町）

利根川水系
渡良瀬川支流

桐《き》生《りゅう》川

小規模河川ながら周辺環境と魚影の多さは折り紙付き
梅田湖とセットで楽しむ欲張りコースも可能

上流に向かうにつれ、流れは河畔林に包まれていく。森林浴の森日本100選に認定された渓相だ

桐生川は群馬県桐生市を流れる渡良瀬川の支流。源流部は群馬、栃木両県にまたがる箇所があるが、群馬県の両毛漁業協同組合が管理しており組合事務所は桐生川沿いなので、まさにおひざ元の河川だ。ヤマメの稚魚、成魚ともに豊富な放流量で期待できる。また産卵前の成熟した魚を放流し自発的に産卵させる親魚放流や、発眼卵放流も行なわれている。親魚放流は成果が見えづらく、全国ほとんどの漁協が敬遠するなか、両毛漁協では意欲的に毎年試みデータを収集している。

桐生川の規模は大きくないが、このような理由から、より天然に近いヤマメにシーズンを通して出会える可能性を秘めている。そのうえ河畔林に囲まれて苔むした大小の岩を縫う流れでの釣りは雰囲気満点。一帯が桐生川源流林として「森林浴の森日本100選」に認定され、それだけでも一見の価値があり、全身で釣りを楽しむことができる。

●梅田湖上流がメインエリア

渡良瀬川合流付近から梅田湖（桐生川

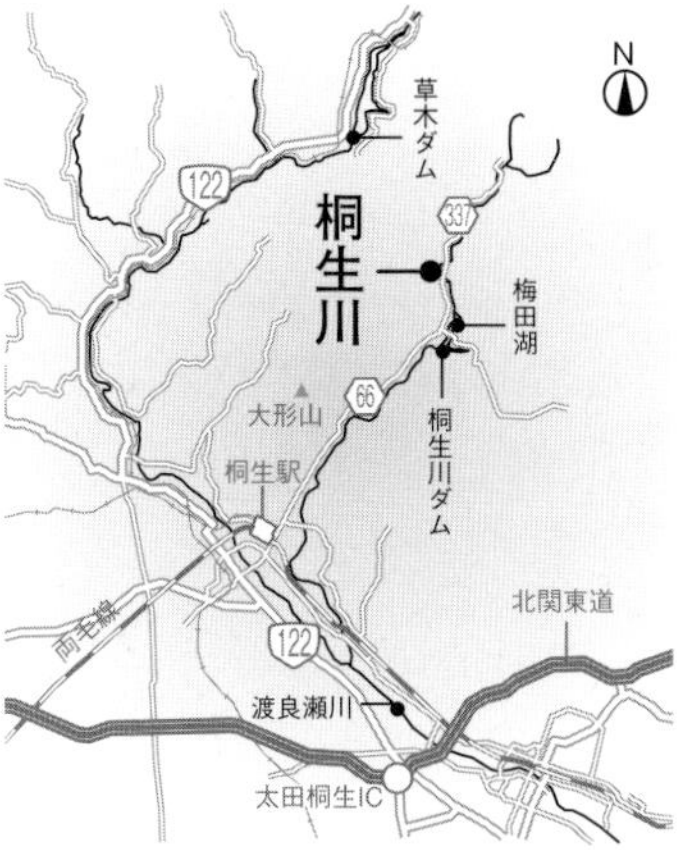

information

●河川名　利根川水系渡良瀬川支流桐生川
●釣り場位置　群馬県桐生市
●主な対象魚　イワナ、ヤマメ、ニジマス
●解禁期間　3月1日～9月20日
●遊漁料　日釣券1500円（現場売り3000円）年券8000円（5月1日以降8500円）
●管轄漁協　両毛漁業協同組合（Tel0277-32-1459）
●最寄の遊漁券発売所　セブンイレブン梅田1丁目店（Tel0277-32-0296）、ほかにも付近のコンビニ、コンビニ端末、ネット販売もあり
●交通　北関東自動車道・太田桐生IC降車。国道122号、県道66、337号で上流部へ

ダム）までの間は、渡良瀬川からの遡上ヤマメが期待できる時期もある。しかし、水量変化を読むことが難しいうえに住宅地を流れるため、駐車スペースも限られる。それなりの知識と経験が必要なのであまり一般的ではない。桐生川のメインとなるエリアは、漁協の管理が行き届く梅田湖よりも上流だ。川と並行して県道377号が走り、1～2台停められる路側帯も随所にあるので初めてでも迷うことはない。

　まずお勧めのエリアは梅田ふるさとセンター付近から割烹旅館清風園付近。解禁当初から数度行なわれる成魚放流のほか、年越しのヤマメに出会う可能性もある。県道も川沿いに走り川と落差がなく、たやすく入川出来る箇所も多い。アクセスのよさから地元ファンも多いが、魚影の多さでも一押しのエリアだ。大小の岩が連続する絶好の流れにヤマメが潜み、仮に先行者がいても、深みやエグレを丹念に探れば出会える期待は大きい。

　初夏から盛夏にかけては、水質のよさから川遊びに訪れる人も増えて賑やかに

通称馬返しの急坂上（堰堤上）にある河原。夏場は川遊びの人たちの日光浴の場所になっている

梅田ふるさとセンター付近の流れ。道に渓が沿い入渓もたやすく、魚影も多い

盛夏の暑さでも冷えた流れから顔を出してきた元気なヤマメ

なる。家族やカップル、仲間との釣行なら早朝にヤマメをねらい、木漏れ日が川を照らす頃からゆったり憩いの時間というプランも立てられる。キャンプを楽しむなら当然直火は禁止、また楽しんだ後のごみは持ち帰る決まりのため遵守したい。

　割烹旅館清風園の上流（通称「馬返し」という急坂）には落差約5mの砂防堰堤があり、その上流からはヤマメとイワナの混生になる。上流へ遡るにつれ河床勾配もきつくなってくるので、釣り上がるというよりは要所で車を停めて釣るスタイルになる。河畔林がいっそう河川を覆い盛夏でも水温は安定し、岩も大きくなり、小規模の滝が連続した流れになる。魚が身を隠すエグレなども随所に存在するため、じっくりと探ってみたい。岩々に落差があるので足元には気を付けて望みたいところだ。

　石鴨天満宮付近から先は道幅が狭くなって林道が切れる。途切れた先からは車の進入が出来ないので徒歩で行く。この先は河畔林のトンネルのような渓相が続くので釣りづらく、タックルに工夫が必要だ。しかしこの区間は、降雨の増水によっては良型イワナに出会えるチャンスもある。

●大型ニジマスも潜む梅田湖

　桐生川はエサでのアプローチが向いている。6・1mクラスのズームザオに短めの仕掛け、エサは川虫（ヒラタカゲロウなど）が採取できる。キヂやブドウ虫など、陸生のエサも用意して望みたい。落差で流れに変化がある場所が多く、丹

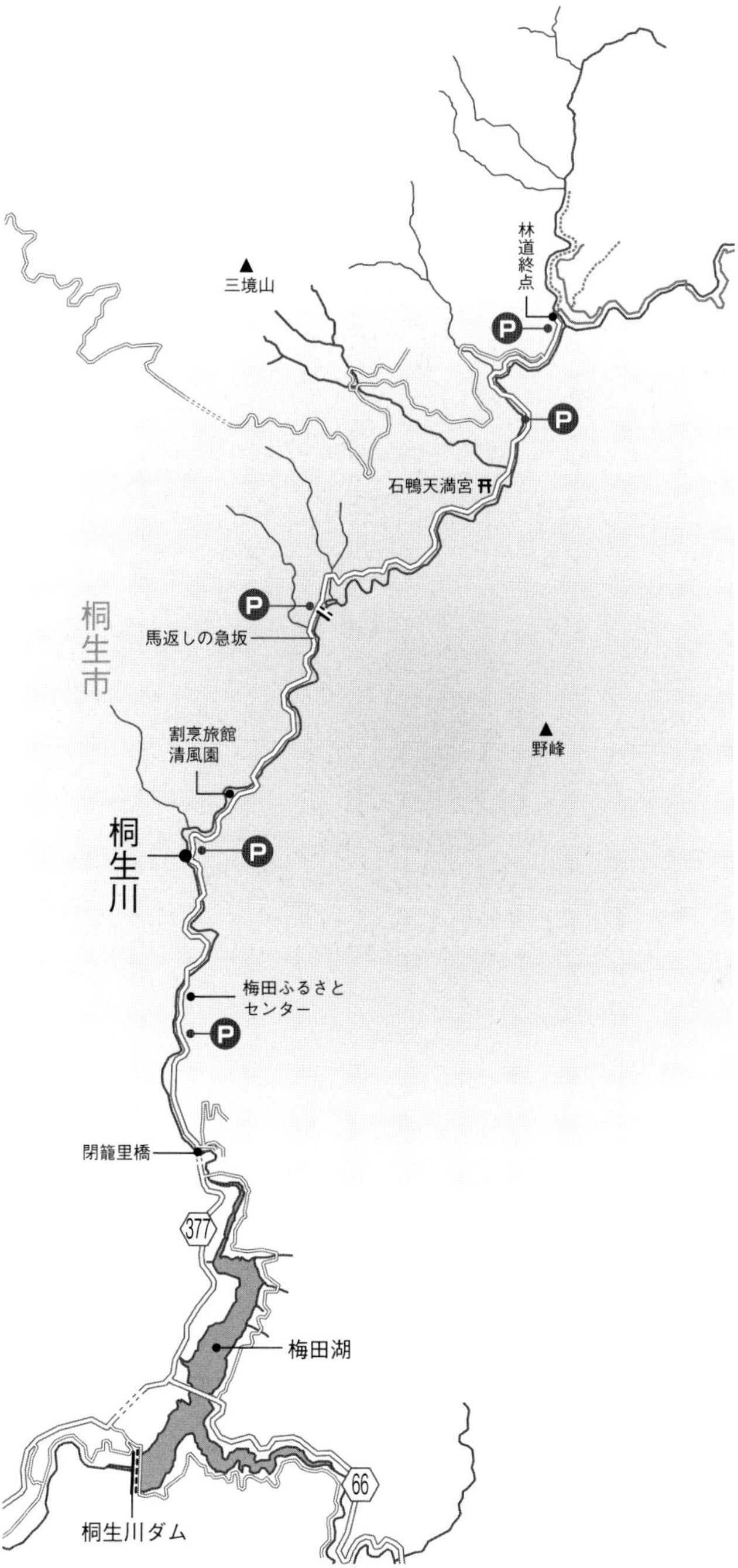

念に探っていきたい。またテンカラやフライ、ルアーでは、河畔林をかわしながらのテクニカルな操作が要求され、腕を磨くのによい場所でもある。水生昆虫が羽化し始め、毛虫など陸生昆虫の季節に入る頃から活性が高くなるので、ぜひ挑戦してみたい。

また梅田湖はヤマメやニジマスがいるので、湖の釣りを楽しみたいならお勧め。ニジマスはかなりの大型が期待できる。リザーバー（人造湖）なので湖岸線は急深の場所が多い。湖を1周する遊歩道などは整備されていないが、湖面際に降りられる場所が数箇所ある。レンタルボートもあるので湖上からもアプローチできる。またワカサギのメッカとしても賑わうので、ワカサギファンならぜひマークしておきたい湖だ。ただし梅田湖のバックウオーターに当たる閉籠里橋《とずろうり》から下流側は梅田湖の遊漁券が必要になるので注意したい。（反町）

利根川水系
渡良瀬川支流

小《お》黒《ぐろ》川

解禁初期から釣果あり。良型ねらいは6月から
高栖川合流以遠はベテラン向きの渓相

渡良瀬川支流にあたる小黒川は、本流沿いに走る国道122号を上流に進んで行くと左側から入り込む小規模渓流。夏場などは木々に覆われて流れを見落としがちなので、注意しながら走行することが望ましい。

解禁当初から放流魚と野生のヤマメやイワナが釣れ、比較的流程は長く釣り場も多い。道路から川が離れる所もあり、入渓地点も少ないため魚影は比較的多いが、解禁から1ヵ月ほどするとスレてくる。良型を手にするには6月の梅雨に入ってからがよい。増水時からの引き水は魚の活性も高い。川虫は現地採取できるが、近年は減っているので釣具店で購入できるエサを持参したほうが無難だ。

渓相は下流から徐々によくなり険しさを増す。初心者から中級者まで楽しめるところだ。また、渓流で汗をかいた後は、わたらせ渓谷線の水沼駅に隣接する「せせらぎの湯」を利用してはいかがだろう。それでは下流から順番にポイントを解説していく。

●渡良瀬川合流付近・小黒川橋から関守橋まで

景観と川相は魅力に乏しいが、放流魚をねらう解禁当初のポイント。ここは区間が短いので短時間の釣りに向いている。

関守橋に近づくにつれて河原は開けてくるが、小堰堤や護岸工事が目に付く。比較的深場が少ないので、河原を歩く際は魚に気づかれないように静かにねらいたい。川に覆い被さる木がところどころにあるので、ズームで長さ調整ができる5・3mザオで対応するとよいだろう。

駐車スペースは、下流の小黒川橋のたもとにある。釣りを終えたら道路沿いを歩いて車に戻ろう。

●関守橋から上流

関守橋の右岸に駐車スペースがあるの

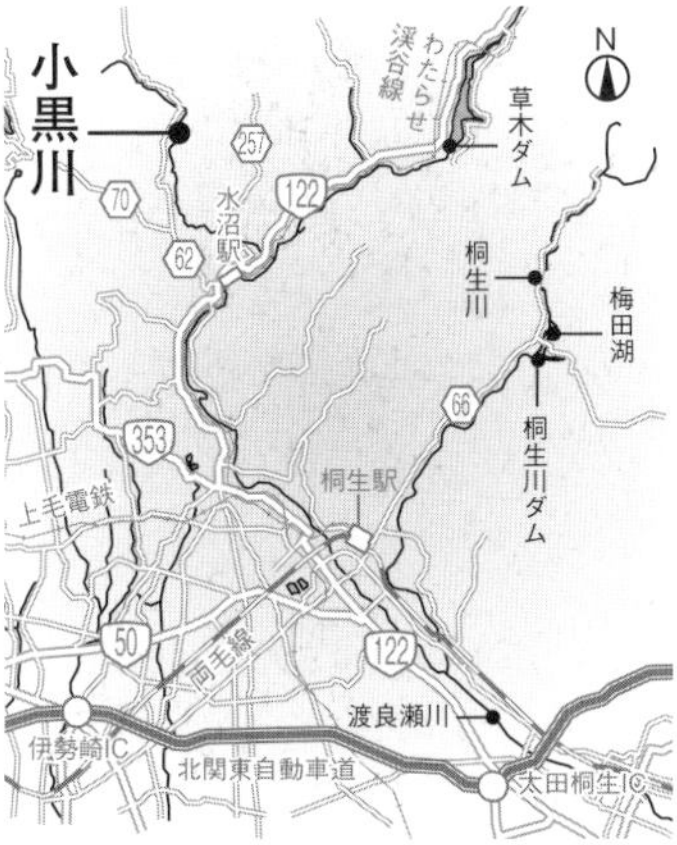

information

●河川名　利根川水系渡良瀬川支流小黒川
●釣り場位置　群馬県桐生市
●主な対象魚　イワナ、ヤマメ
●解禁期間　3月1日～9月20日
●遊漁料　日釣券1500円
（現場売り3000円）
年券8000円
（5月1日以降8500円）
●管轄漁協　両毛漁業協同組合
（Tel0277-32-1459）
●最寄の遊漁券発売所　ファミリーマート日野屋黒保根店（Tel0277-70-3008）、ほかにも付近のコンビニ、コンビニ端末、ネット販売もあり
●交通　北関東自動車道・太田桐生ICを降車し国道122号を日光方面へ進み、渡良瀬渓谷線の水沼駅手前を県道62号に左折し小黒川へ

小黒川橋より上流を望む。平坦な流れだが、解禁当初はポイントとなる

で、そこに車を停めてから河原に降りて上流を釣る。最初は護岸だがすぐに良渓が現われる。釣り人が多いので魚はスレており、ラインを細めにして遠くからアプローチしたほうがよい。河原は広く、6mザオが使えるポイントもある。

川の途中からは入渓しにくいので、先行者の有無は橋のたもとの車で判断されたい。

●沼ノ原橋付近

沼ノ原橋の下流には大きな堰堤があり、その下流を釣るなら右岸の道路を下がると駐車スペースがあり河原まで降りられる。

橋の上流へは、右岸から踏み跡を辿って河原に降りられる。最初はなだらかな渓相で面白味に欠けるが次第に落差が出てくる。

このへんはヤマメが主体。あまり魚影の多いところではないが、梅雨時期に思わぬ良型が釣れることがある。

ここまでで分かるように、小黒川は堰堤で遡行できなくなるので、私は支流の

沼ノ原橋から上流の流れ。次第に落差の増す渓相となる

関守橋を下流側から望む。小堰堤が続く渓相だ

沼ノ原橋すぐ下にある堰堤。このあたりは梅雨時がねらいめ

田沢川を釣り上がることも多い。

●高栖川合流付近から小黒川を釣り上がる

国道122号から県道62号・沼田大間々線に入り道なりに進み、高栖川を渡る少し手前の道を右折して集落を過ぎると、道路に遮断機がかかっている。道路奥はがけ崩れがあり車の通行はできない。

遮断機手前より踏み跡を辿って急な下り坂を川に行くので、足元には充分注意されたい。渓が狭まり、大石や岩盤質の大場所が現われ変化あるダイナミックな渓相で、落差のあるポイントからは25cmを超す幅広のヤマメが釣れる。ただし、徒渉を繰り返す遡行になるため増水時は危険でやめたほうがいい。

帰りは右岸にある遮断機から続く道路を使ったほうが早いが、道路には場所を選ばなくては上がれない。本書掲載のため確認に行った時には巨石が道をふさいでいたため、その上を通ったが、危険なので川を下って戻ったほうが安全だろう。

（井上）

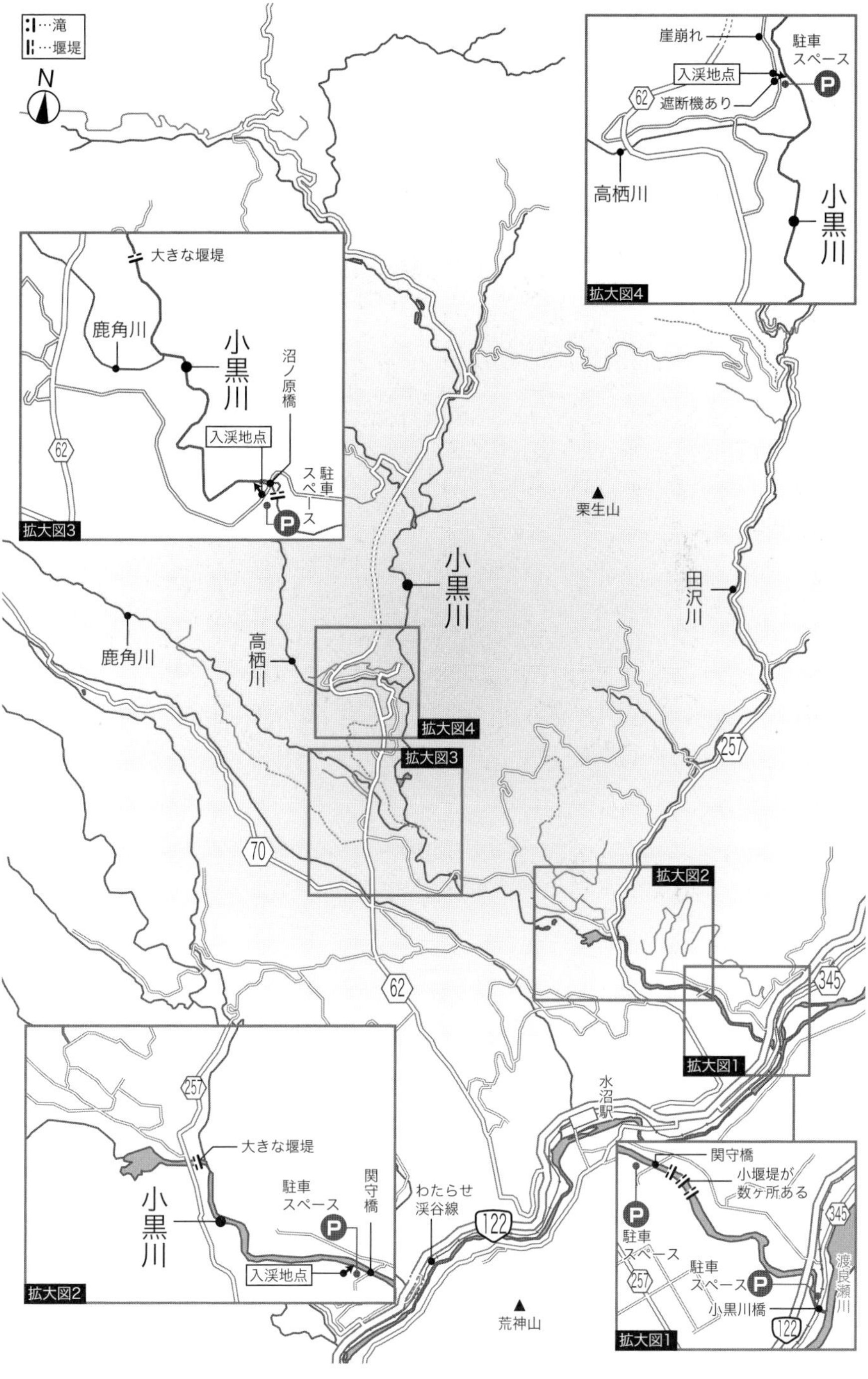

…滝
…堰堤
N
拡大図4
崖崩れ
駐車スペース
入渓地点
遮断機あり
62
高栖川
小黒川
拡大図3
大きな堰堤
鹿角川
小黒川
沼ノ原橋
入渓地点
駐車スペース
62
粟生山
小黒川
田沢川
高栖川
鹿角川
拡大図4
拡大図3
257
70
拡大図2
345
拡大図1
62
水沼駅
拡大図2
257
大きな堰堤
小黒川
駐車スペース
関守橋
入渓地点
わたらせ渓谷線
122
荒神山
拡大図1
関守橋
小堰堤が数ケ所ある
駐車スペース
257
駐車スペース
小黒川橋
345
渡良瀬川
122

利根川水系
烏川支流

神流川《かんな》

しっかりとした漁協管理で多様なニーズに対応
放流量も多く遊漁券売り場や入渓点も分かりやすい

中ノ沢。苔むした石やブナ林を縫うように落差のある流れが続く（写真提供：上野村漁協／仲澤和彦）

群馬県、埼玉県および長野県が境を接する三国山の北麓に源を発する神流川。上野村から神流町を流れ、下久保ダムで一旦堰き止められた後、藤岡市を経て烏川へ合流する延長87・4㎞の中小規模河川だ。

降雪が少ないため、雪代はほとんど発生しない。上流の本谷には上野ダムがあり、下部調整池として活用。長野県側の南相木ダムの上部調整池とともに揚水発電を行なっているため、直接放水による影響は受けにくい。

大神楽橋のたもとにある「本谷毛ばり釣り専用区 特設釣り場」の看板

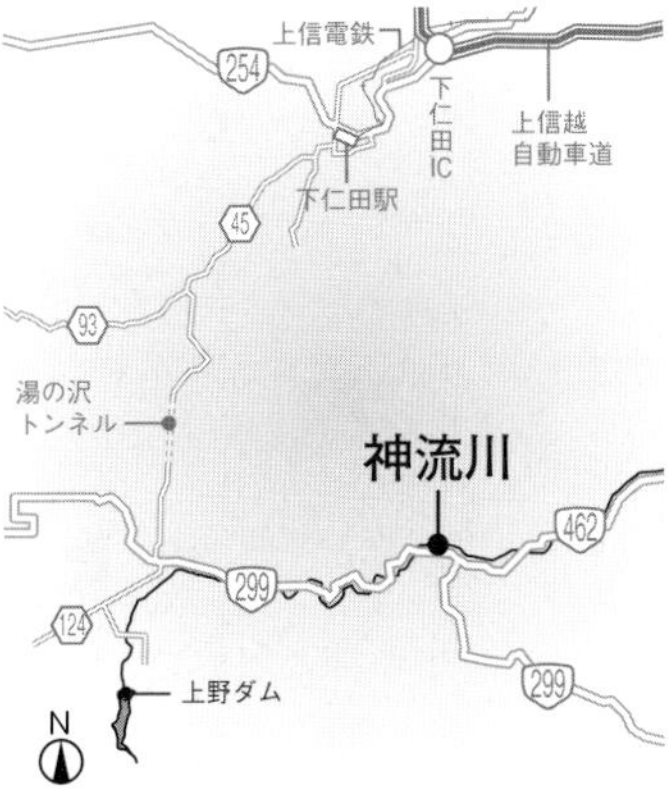

「本谷毛ばり釣り専用区 特設釣り場」の流れ。ヤマメ主体で魚影が多い

上流域の上野村漁協は、河川規模に対して県内一の放流量を誇り、魚影が多く安定している。流域には駐車スペースや簡易トイレもあり、河原に降りる道も見つけやすいことなどから安心して釣行できる。リピートする釣り人も多く人気の高い河川だ。

しかし、2019年の大型台風の影響で土砂が流入したのか、深場が激減。普段は澄んでいることが多い神流川だが、まとまった雨が降ると濁りがとれないことも多かった。最下流にあたる、蛇木渓谷と呼ばれる場所は岩盤帯なので徐々に戻りつつあるが、全体的にはまだ砂利床が目立つ。

ここは一般のC&R区間が2箇所と毛バリ釣り専用区があるほか、沢などに禁漁区が設定されている区間もあるため入渓時には注意が必要。また、台風の災害復旧工事も行なわれ、通行止めや一時的に禁漁設定になっているところもある。釣行の際には漁協HPなどで事前に情報を確認して頂きたい。

遊漁券は、川の駅上野と隣接する「ふれあい館」店内の上野村漁協にて、店内または外の発券機では24時間購入できる。トイレや食事もできるので、ここをベースにするとよいだろう。

今回は、足場もよくて初心者も安心して釣りを楽しめるところを紹介しよう。

●本谷沢

「しおじの湯」の温泉施設手前のトンネルをダム方面に進んで、新浜平橋を渡ったところからがポイントとなる。川沿いに走る道路から眺めて先行者やポイントの良し悪しを判断

information

●河川名　利根川水系鳥川支流神流川
●釣り場位置　群馬県多野郡上野村
●主な対象魚　イワナ、ヤマメ、ニジマス
●解禁期間　3月1日～9月20日
●遊漁料　日釣券2000円・年券11000円。小学生以下無料。中学生は県で発行している年券300円
●管轄漁協　上野村漁業協同組合（Tel0274-59-3155）
●最寄の遊漁券発売所　上野村漁業協同組合（Tel0274-59-3155）、「道の駅　上野」「上野村ふれあい館」にある遊漁券自動販売機（24時間）を利用
●交通　上信越自動車道・下仁田IC降車。国道254号、県道45号を経由して湯の沢トンネルを抜け国道299号で上野村へ

して入渓するとよいだろう。

ここは主に成魚と野生魚混じりでヤマメが主体。解禁当初はイワナも釣れる。現地では川虫採取は困難。春はイクラやブドウ虫に反応がよく、夏以降は川虫がいい。

解禁当初は、道路は凍結している箇所もあるので注意が必要。

中ノ沢は道に沿う流れで、駐車スペースもあり入渓しやすい流れだ

中ノ沢にも「中ノ沢毛ばり釣り専用区」が設けられている

中ノ沢とぶどう峠への分岐点。フェンスが設けられ許可車両以外立ち入り禁止

木々が川に覆い被さるようなところは魚影が多く良型も潜んでいるので、ていねいにポイントを探るとよいだろう。

さらに上流へ行くと大神楽橋があり「本谷毛ばり釣り専用区 特設釣り場」の看板が現われる。そこまでの区間を釣るが、途中から釣り人が入ることもしばしばある。魚影が多いので、お互いに譲り合って楽しんでいただきたい。また、クマも多いので鈴や笛なども持参されたい。

●中ノ沢

しおじの湯を過ぎ、上野小海線を上流に進んで、川沿いにあるポイントを見つけながら入渓する。駐車スペースもあり、河原に降りる踏み跡も分かりやすい。

最初は岩盤帯も続き渓相はいまいちだが、徐々に落ち込みも多くなってくる。さらに上流へ進んで行くと、中間に位置するところに中ノ沢毛ばり釣り専用区が現われる。ここまでを釣り上がる。釣れるのは放流ヤマメが主体。

特設釣り場より上流を釣るには、道なりに車を走らせて行くと、中ノ沢本谷と

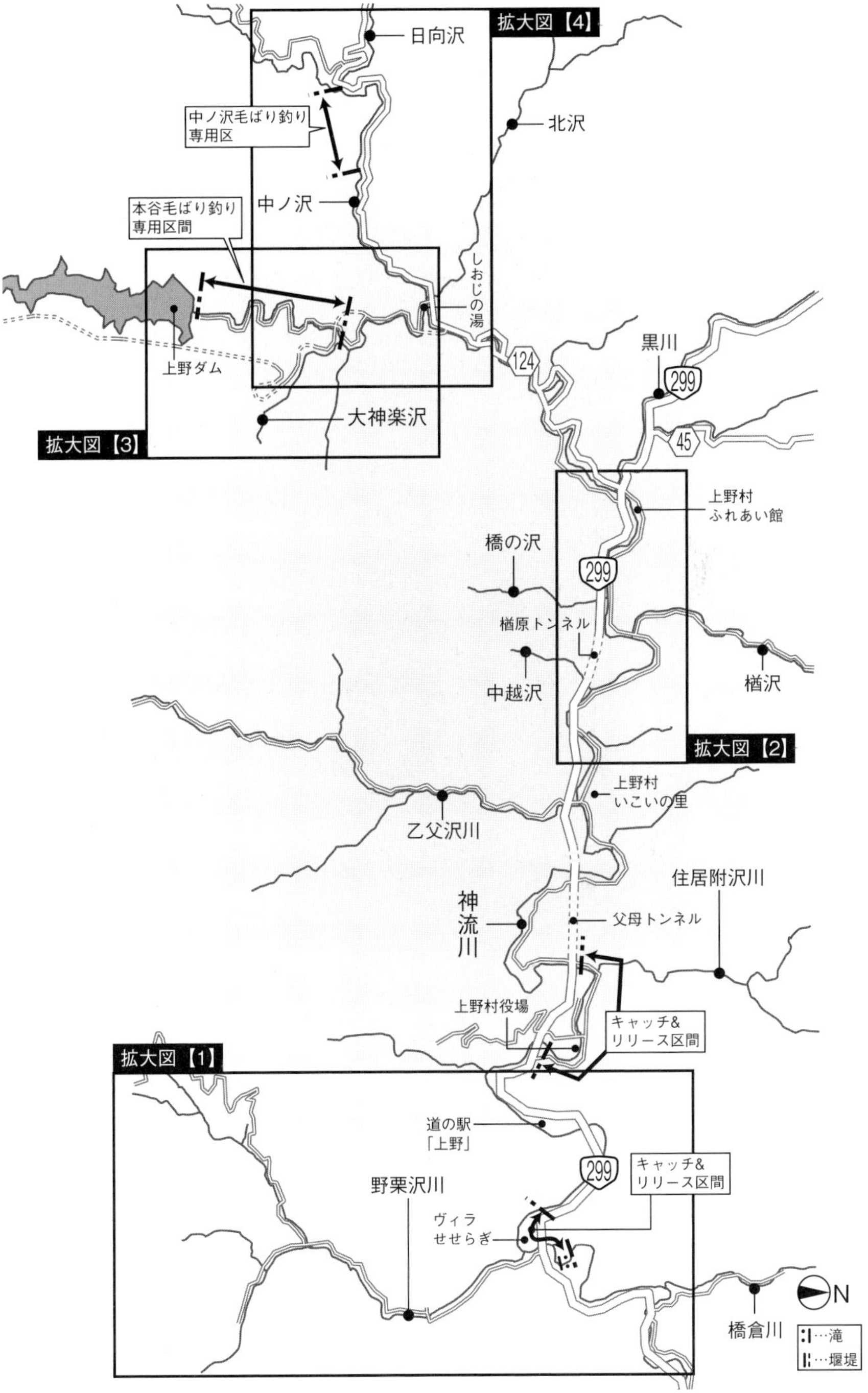
拡大図【4】
日向沢
中ノ沢毛ばり釣り専用区
北沢
中ノ沢
本谷毛ばり釣り専用区間
しおじの湯
上野ダム
124
黒川
299
大神楽沢
45
拡大図【3】
上野村
ふれあい館
橋の沢
299
楢原トンネル
楢沢
中越沢
拡大図【2】
上野村
いこいの里
乙父沢川
住居附沢川
神流川
父母トンネル
上野村役場
キャッチ&
リリース区間
拡大図【1】
道の駅
「上野」
299
キャッチ&
リリース区間
野栗沢川
ヴィラ
せせらぎ
橋倉川
N
…滝
…堰堤

所ノ沢合流付近から落差のある渓相が続くようになる

野栗沢川にある龍神の滝を望む。透明度の高い落ち込みには良型が潜む

野栗沢川。小渓流なので 4.5 m前後のサオで充分釣りになる

ぶどう峠への分岐点が現われる。中ノ沢へはフェンスが設けられ許可車両以外立ち入り禁止。2020年現在、台風の復旧工事が完了するまで禁漁とのこと。入渓できるようになった場合、案内板手前の邪魔にならないところに車を停めてから林道沿いに歩いて入渓する。昔からの苔むした石やブナ林などがあって趣がよく、野生のイワナが釣れる。ときどき大ものが釣れた報告が入るので気を緩めないこと。

奥は深いので、帰りの時刻も考えて余裕のある釣行をして頂きたい。

●野栗沢川

国道299号を下流に進んで新要橋を通り過ぎ右側の道路を入ると、野栗沢川が現れる。

最初は護岸もあり川底も浅くて魅力は感じないが、すりばち荘を過ぎて所ノ沢が合流する付近から落差のある渓相となる。ヤマメとイワナの混生。所ノ沢は禁漁区なので注意されたい。

野栗沢川は大雨が降っても水引きが早

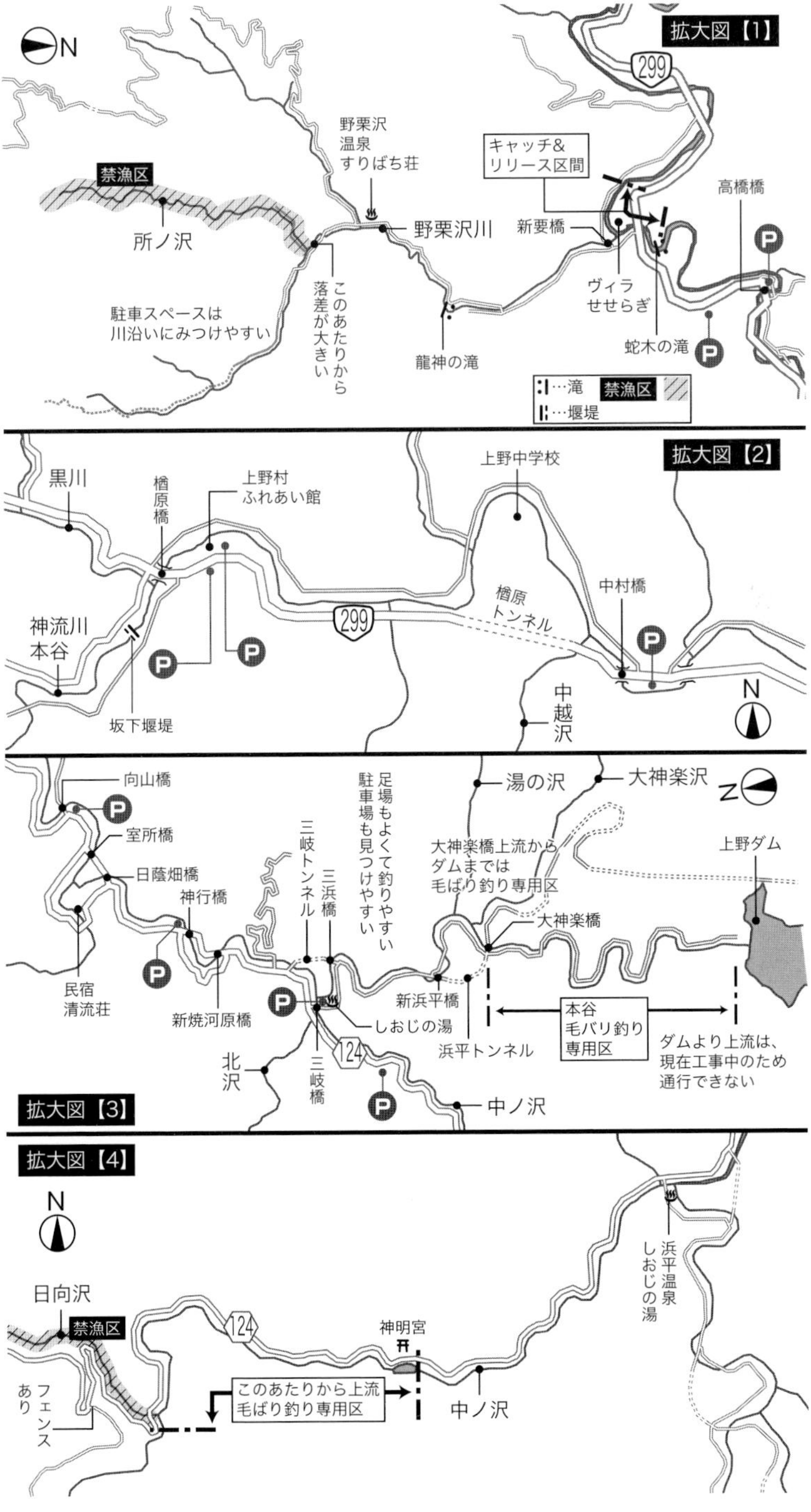

く濁りの回復も早い。また水温が安定しているので魚の活性は高く、釣り人も多い。駐車スペースも道路沿いにあり見つけやすい。小渓流なので4・5m前後でズーム機能が付いた渓流ザオが便利だろう。ここでは稚魚から育った美しい魚体にも巡り合うことができる。透明度の高い落ち込みには良型が潜むので、底にしつかり沈めてねらいたい。

（井上）

利根川水系

烏《から》川《す》

河畔のボサがヤマメの隠れ家を提供
初夏以降はテンカラ、フライが面白くなる

烏川橋上流の渓相。盛夏になると川岸に生えるヨシなどのボサが川を覆う

初夏に出会えたヤマメ。元気一杯の引きを堪能させてくれた

烏川は群馬県高崎市を流れる利根川水系の一級河川。倉渕町の鼻曲山（標高1655m）が源で、おおむね西から東へ流れている。途中、碓氷川、鏑川、神流川と合流するが、烏川として利根川へ流れを合わせる。

●初夏がお勧めの季節。盛夏は朝夕あるいは上流へ

ヤマメがねらえるエリアは里川の趣だが、倉渕町川浦付近から渓流の風情が増

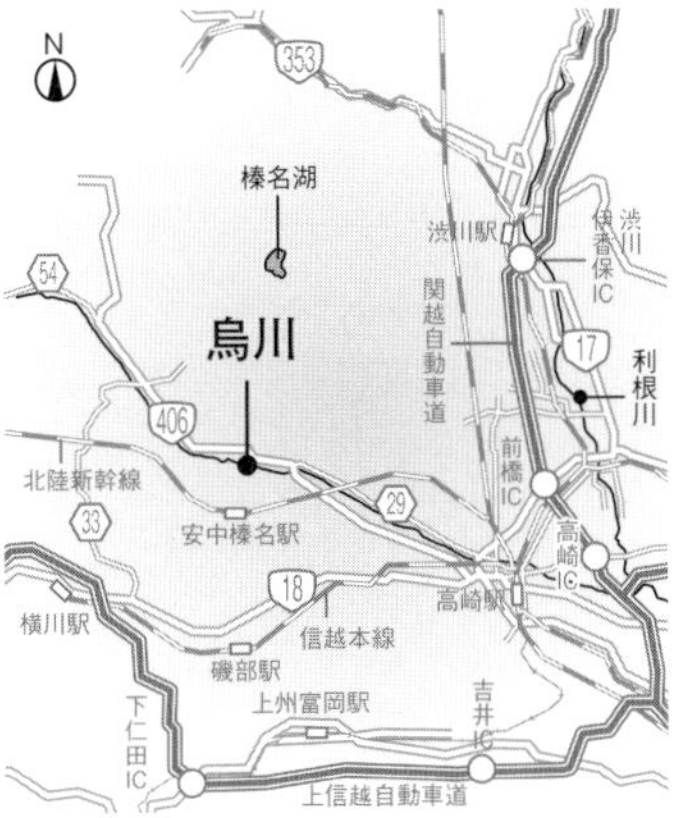

information

●河川名　利根川水系烏川
●釣り場位置　群馬県高崎市
●主な対象魚　イワナ、ヤマメ
●解禁期間　3月1日～9月20日
●遊漁料　日釣券2000円・
年券9600円
●管轄漁協　上州漁業協同組合
(Tel027-322-3041)
●最寄の遊漁券発売所　セブンイレブン三ノ倉店（Tel027-378-3148)、全国の主要コンビニの端末から購入可能
●交通　関越自動車道・高崎ICもしくは前橋ICを降車し、国道406号を榛名方面へ進み烏川へ。上流部へは県道54号を利用

してイワナも混じってくる。漁場を管理している上州漁業協同組合は、群馬県では利根漁業協同組合に次ぐ大所帯。管轄している烏川、碓氷川、鏑川の3河川にそれぞれ4万尾のヤマメ稚魚を毎年放流している。成魚放流も積極的で、春先に数度ある放流では多くの渓流釣りファンで賑わうが、お勧めの季節は初夏に差し掛かる頃。その理由は、川岸に生えるヨシなどのボサで川を覆う場所が増えてヤマメの隠れる場所も多くなるからだ。同時に、捕食の対象と考えられるアブラハヤなどの魚種も豊富。さらに多くの水生昆虫も育っている。

その典型的なエリアは烏川橋から上流・相吉橋や水沼橋周辺の流れ。解禁当初は烏川橋をはじめ、上流各橋の袖から成魚放流が行なわれている。初夏に差し掛かる頃には前記したようにボサが川面を覆い、川を歩きづらくしてしまうため、体力消耗も考慮して望みたいところ。1本で流れる場所もあれば分流している流れもあるので、ついつい対岸へ渡ろうと徒渉を試みたくなる。しかしボサが邪魔

烏川橋下流の流れを望む。里川の趣だがヤマメがサオを絞り込む

水沼橋上流の流れ。この付近はボサも多くなるが、良型ヤマメも期待できる

して渡りづらかったり、意外と石が大きく足を取られやすい場所も多いため、無理に徒渉しないほうがよい。

各橋の袖または堤防に1～2台は停められる駐車スペースがあるので、右岸側からのアプローチが終わったら橋を渡り、左岸寄りのサオがだせなかった流れをねらってみる……などということも考えて入川したい。

解禁当初は数度に渡って成魚ヤマメが放流されるため、釣り人のハリを逃れた個体も多い。そのためこの季節にはみな良型に成長し、生き生きとした顔つきでそれぞれの流れに潜んでいる。

もし釣行が盛夏ならば、この付近はどうしても水温の上昇が否めないので早朝や夕マヅメの限られた時間に望みを託すしかない。その場合、このエリアよりもさらに上、川浦橋から上流の倉渕川浦温泉はまゆう山荘までがお勧め。もちろんこの付近は解禁当初からシーズンを通して楽しめるエリアでもある。川沿いに県道54号の旧道が走り、駐車スペースも多い。川へのアクセスもよいのだが、谷が

川浦橋より下流を望む。解禁当初からシーズンを通して楽しめる流れだ

川浦橋上流の流れ。この付近から堰堤が多くなるため川を通して歩くことが難しくなる

深い場所や砂防堰堤も随所にあるので川通しで進める場所は意外と少ない。そのため、アプローチする場所を細かく区切りながらの釣りになる。流れは落差のある瀬や淵が続く渓流の雰囲気となり、落ち込みやエグレなど目に付くポイントはじっくりねらいたいところ。盛期ならば瀬やヒラキを中心に釣っていきたい。

●釣法別攻略法

エサ釣りの角度から考察すれば、解禁当初は川虫を使ったアプローチが最も適している。烏川橋付近ならクロカワ虫、川浦橋付近ならヒラタなどが採取できる。下流側でのサオの選択は7mクラス、上流側では6・1mズームで長さを調整しながら望みたいところ。

初夏に差し掛かる頃からは水生昆虫が羽化し始めるので、早朝は川虫を使ったとしても日中はテンカラやフライで望むことで釣果に繋がる。ヤマメやイワナも瀬に入ってくるので、大場所と呼ばれる淵や小規模なコンクリート堰以外にも目を配ってじっくり望みたい。他河川でも

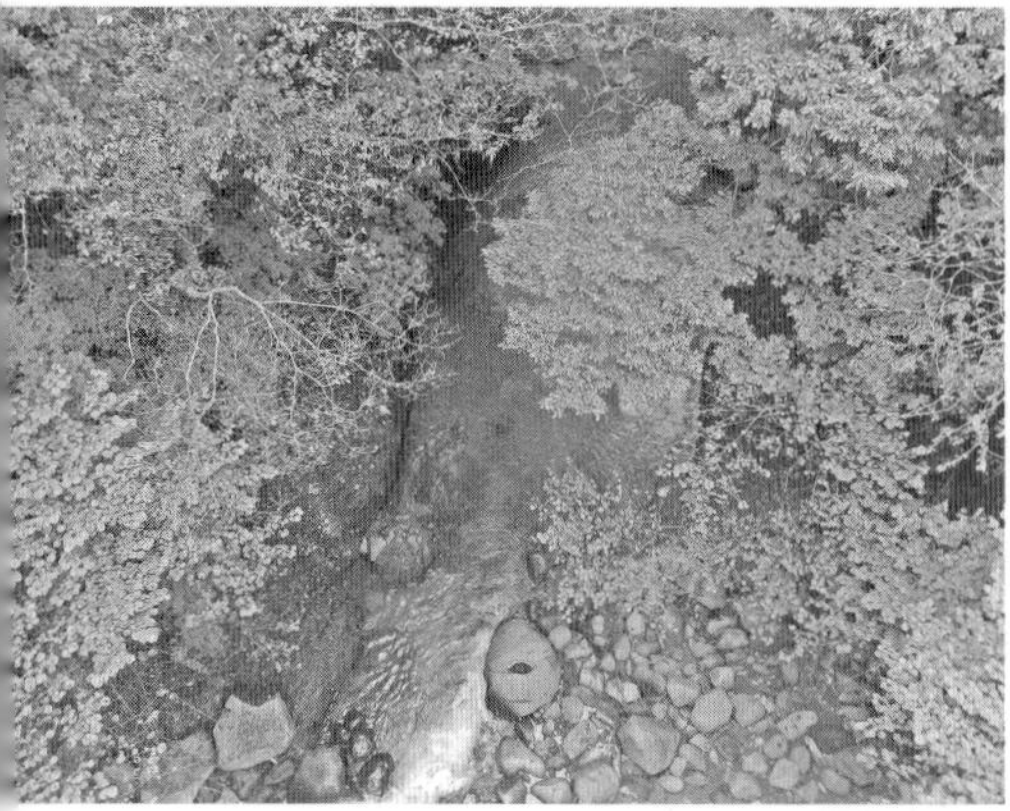

蛇渕橋付近の渓相を望む。この付近から渓相が変わる

支流・相間川の流れ。撮影時は渇水していたが、降雨増水時に期待できる

烏川で良型を仕留める釣友。思わぬポイントで大ものが飛び出すことも

いえることだが、チャラ瀬に入っているヤマメやイワナは意外に多く、足元が浸かるほどの浅い水深からアプローチを始めることを心掛けたい。

テンカラの場合は、羽化する川虫を想像して水面を漂うようなイメージで逆さ毛バリを投入したい。ギラッと反転しながら食いついてくる様子には毎回ドキッとする。フライならばドライで挑戦してみたい。水面を割って食ってくる瞬間がとてもスリリングだ。初夏はカディス、盛夏に差し掛かるころからはアントなどテレストリアルの毛バリでも反応はよい。川の規模や魚影、全体の流れを考えれば、テンカラやフライ入門の河川としても烏川は向いている。

また、渓魚に闘争心のスイッチを入れるルアーアプローチも楽しいもの。3㎝のスプーンや5㎝以内のミノーが理想のサイズ。ボサをかわしてルアーを着水させる正確性が求められるため、キャストを磨く道場として実践的に成果を得られる川だ。

最後に、烏川への釣行時に想定しない

雨の増水や濁りに見舞われてしまった時のために、支流の相間川を紹介しておきたい。知人であり釣友でもある上州漁協の組合員K氏にそっと教えて頂いた情報によれば、ヤマメ、イワナともに魚影は多い。ただ普段から水量の多い川ではないため、平水時は厳しい釣りになるとのこと。しかし雨の増水時にはチャンスが訪れるのだという。川沿いに林道が走っているうえ駐車スペースも要所にある。深い谷ではないので林道から入川はしやすい。その林道は、途中舗装されている付近までがヤマメのエリア、未舗装に変わる辺りからイワナのエリアとのことだが、実際に現地を視察した時に悪路の箇所もあったので4輪駆動車での進入が望ましい。

（反町）

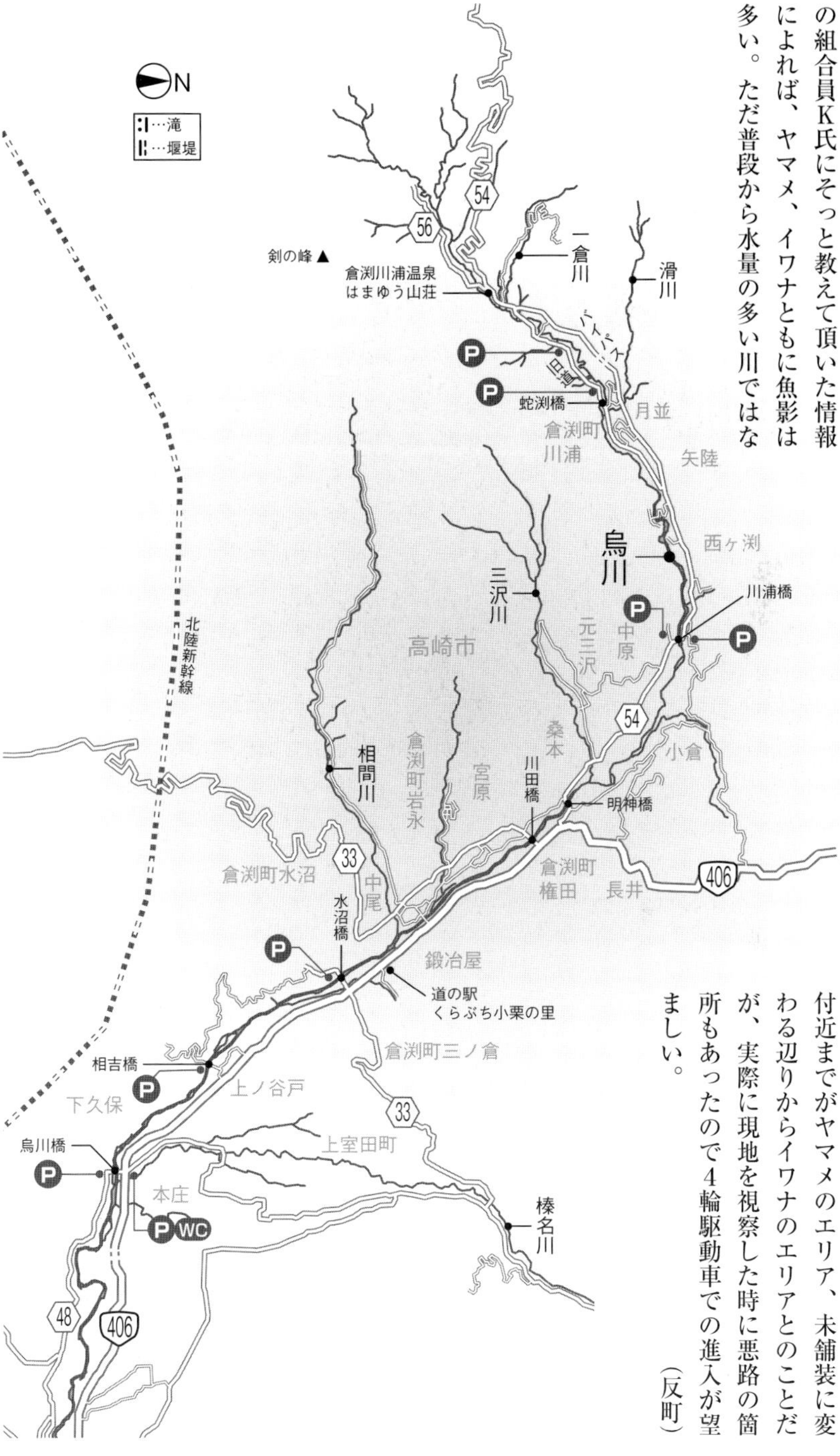

吾妻川水系
白砂川支流

駒《こま》ヶ沢《さわ》川

白砂川支流を代表する小規模山岳渓流
名湯草津温泉も近い県道沿いの流れ

人工物のない自然の流れが続く

群馬県西部を流れる利根川の一大支流、吾妻川。そして昨年（２０１９）完成した八ッ場ダムのバックウオーターに流入する、ひときわ大きく奥が深い支流が白砂川である。全体的に切り立った崖場が多く、白砂川自体は草津や花敷温泉等の温泉水で魚は生息出来ないとされてきたが、支流筋には渓魚が生息する小規模山岳渓流がいくつも存在する。その代表格といえるのが旧六合村（現中之条町）の駒ヶ沢川だ。暮坂峠付近に源を発し白砂川へと注ぐ約６㎞の小河川で、漁協が稚魚放流を継続してきた。一般的な知名度は低いが立派な渓流釣り場である。私の地元では「くれさかの川」と称され、社会人となり自動車運転免許を取得してからは足繁く通っている。

冬場の降雪はあまり影響がなく、解禁よりエサ、毛バリとも申し分ない反応が得られる。釣り場の大半が県道沿いなので先行者の有無はすぐ分かり、手軽に楽しめるのもよい。また、県道からは見えにくいが砂防堰堤が２箇所あり、よく見ると尺ヤマメと思しき魚体が悠々と泳いでいる。ねらうならルアーが有利ではないだろうか。
以下、お勧めの入渓場所を下流より紹介してみたい。

●白砂川合流点～砂防堰堤

白砂川合流点より入川の場合は長野原町方面・国道292号より白砂川のあずま橋を渡り、T字路を右に折れて広い道なりを500mほど進むと間もなく最下流部に到着する。発電所の取水口があるのでその上流より入川となるが、足場が狭く悪路なので注意して頂きたい。

視界はやや狭く、入川すると人工物は一切感じられず、淵が主体の流れが3kmほど続き大ものの気配濃厚。ヤマメが主体だがイワナも混じると思う。サイズは15cm～尺近く、それ以上も出るかもしれないのでワンランク上の仕掛けで挑んで頂きたい。

釣り上がると最初の砂防堰堤に出る。その直下は大ものの気配大。すぐ右が高巻出来るので巻くと上は巨大なプール。タイミングがよければ尺ヤマメを確認できる。さらに遡行するとすぐ上にも砂防堰堤があり、バックウオーターを目差すことになるが、約200mあるので一旦納竿したほうがよい。

この区間をじっくり探ると一日がかり。帰路は県道に上がり白砂川合流点まで戻るか（約1時間）、車2台に分乗して砂防堰堤付近に車を1台デポするとよい。川を戻るのは所々、足場が悪いのでお勧めできない。

この区間はシーズンを通して釣り人はあまり入らず、よい釣果が期待できる。ただしできれば単独釣行は避け、2人で入渓したほうが安全である。

●砂防堰堤～十二橋～農面道路の駒ヶ沢橋

国道292号から県道55号・中之条草津線に入り、あずま橋を渡って暮坂峠方面へ北上すると、2kmほど進んだ右下に前記した砂防堰堤がある。現在（2020）は周辺の木が成長して砂防堰堤の存在が分かりにくいが、県道沿いの少しスペースがある所に停車し、斜面を気をつけながら100mくらい下がれば川に到着できる。

全体的に以前より川周辺の木が成長して釣りにくくなったが、これよ

information

●河川名　吾妻川水系白砂川支流駒ヶ沢川
●釣り場位置　群馬県吾妻郡中之条町
●主な対象魚　イワナ、ヤマメ
●解禁期間　3月1日～9月20日
●遊漁料　日釣券1000円・年券7350円
●管轄漁協　吾妻漁業協同組合（Tel0279-75-4114）
●最寄の遊漁券発売所　セブンイレブン中之条折田店（Tel0279-75-7032）、ローソン西中之条店（Tel0279-75-7767）、ほかにも町役場、国道・県道沿いの赤いのぼりが目印の場所で取り扱いあり
●交通　関越自動車道・渋川伊香保ICを降り、国号17、353、145号を経由して、長野原町で国道292号に入り、中之条・沢渡方面へ進み駒ヶ沢川へ

落ち込みの脇にできた
巻き返しはねらいめ。
良型が定位している

大石絡みの淵をのぞく。
盛期は淵尻に魚が定位し
ているのが見える

り上流2㎞までの区間は水量は少ないながらも支流の流入がなく、瀬あり淵あり岩盤底の流れありと変化に富む。深みがあれば魚は淵尻に定位していることが多いので、追い立てないように釣るのがキモである。春先は山菜採りの人がいるかもしれないが、この辺りより先の道沿いに車があれば、ほぼ釣り人と思ってよいだろう。先に駐車の有無を確認したうえで入川場所を決めたほうがよい釣行につながると思う。

駒ヶ沢川の
ヤマメ。澄
んだ渓に映
える

　周辺情報として、駒ヶ沢川付近には同じ白砂川支流として下流約5㎞に矢ノ下沢川、ひと山越えた上流側には八石沢川が流れ、いずれも主にヤマメが生息する。県道を北上して暮坂峠を越えれば上沢渡川もあり、逃げ場には困らないと思う。

　最後に、クマの目撃情報が度々発令されているのでクマよけグッズも忘れずに携行して気持ちよい釣行をして頂きたい。また周辺には、くれさかの森陶芸工房（旧・暮坂陶芸研修センター）、中之条山の上庭園、暮坂高原オートキャンプ場などの各種施設も充実しており、家族連れでも楽しめること請け合いである。県道55号沿いは詩人・若山牧水が大正11年に信州・佐久から日光湯本まで旅をした街道としてあまりにも有名で、所々に多くの詩が残されている。

（小林）

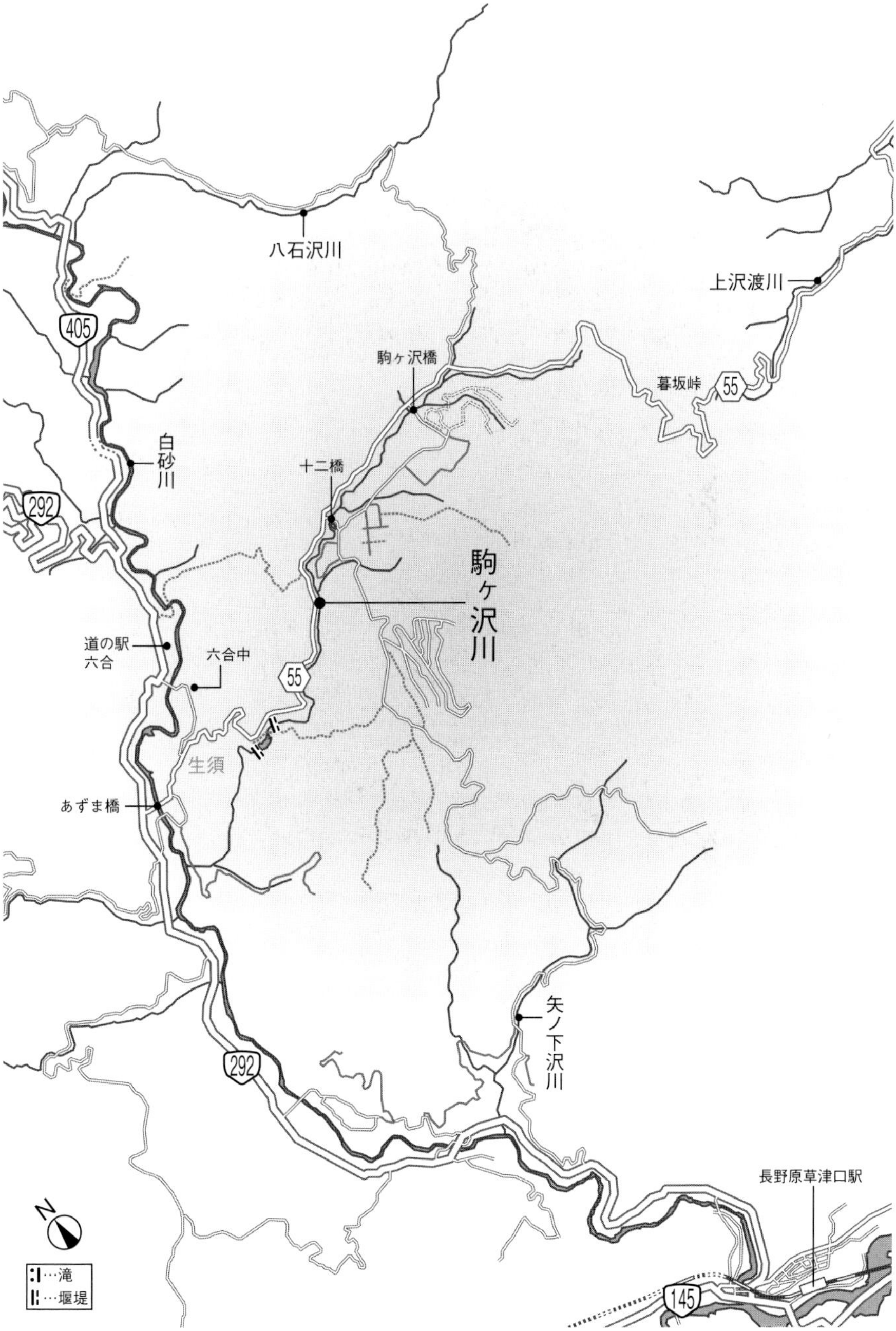
八石沢川
上沢渡川
405
駒ヶ沢橋
暮坂峠
55
白砂川
十二橋
292
駒ヶ沢川
道の駅
六合
六合中
55
生須
あずま橋
矢ノ下沢川
292
長野原草津口駅
145
…滝
…堰堤

吾妻川水系
四万川支流

新《あら》湯《ゆ》川

釣法を選ばず楽しめる山岳渓流相の流れ
釣行後は「世のちり洗う四万温泉」で温泉三昧

ウツヒ沢出合の流れを見る。枝沢のウツヒ沢にも魚はいるので逃げ場として利用できる

ヤマメとイワナの混生で、ヤマメの個体数が多めな渓だ

新湯川は中之条町相ノ倉山に水源を発し、釣り場は四万川合流点より約4km上流までの区間である。渓相がよく、放流量が多いため、四万川水系では人気河川の1つに数えられている。山岳渓流の雰囲気ながらエサ、テンカラ、ルアー、フライとすべての釣法にマッチしているのが素晴らしい。ヤマメとイワナの混生で、ヤマメの個体数が多め。水温に関係なく、早朝から淵尻のヒラキに定位している元気な魚体が多く、それらを追い立てない

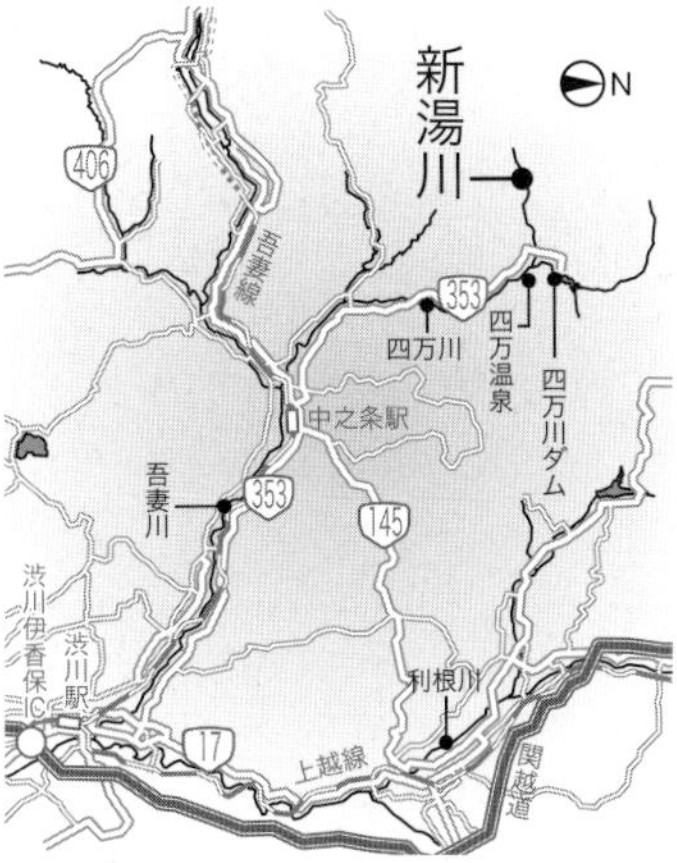

information

●河川名　吾妻川水系四万川支流新湯川
●釣り場位置　群馬県吾妻郡中之条町
●主な対象魚　イワナ、ヤマメ
●解禁期間　3月1日〜9月20日
●遊漁料　日釣券1000円・年券7350円
●管轄漁協　吾妻漁業協同組合（Tel0279-75-4114）
●最寄の遊漁券発売所　セブンイレブン中之条折田店（Tel0279-75-7032）、ローソン西中之条店（Tel0279-75-7767）、ほかにも町役場、国道・県道沿いの赤いのぼりが目印の場所で取り扱いあり
●交通　関越自動車道・渋川伊香保ICを降り、国号17、353号を経由して、四万温泉街より釣り場へ

小倉沢川出合上流の渓相。新湯川で人気の高い入川ポイントとなる

ようにサオをだすのがキモである。

川沿いに林道があり、入渓しやすいのも人気の1つ。じっくりねらうと一日では探りきれない広さがあるので、帰りのことも考えて早めに退渓することも視野に入れてほしい。また支流の代表河川に小倉沢川があり、四万温泉の観光スポットの1つ小倉ノ滝は見応えがある。この沢もイワナ、ヤマメが生息しており、人気がある。

もう1つ人気の秘密は、やはり「釣行後、温泉に入れること」だと思う。日帰り温泉、無料共同浴場（河原の湯）もあり一般の観光客にも大人気である。温泉旅館も多彩なプランがあり、格安で滞在できるように提案している所もあるので、気の合う仲間がいればなお楽しい釣行になること請け合いである。

●四万川合流点〜新湯集落

穴場的な存在で1kmほどの釣り場。四万川合流点より道路横を利用しての入川で、温泉旅館の中を縫うようにサオをだし、観光客の視線を感じながらのロケ

小倉沢川出合。奥が小倉沢川で、近年コンクリートの橋が作られてしまったがその渓相は素晴らしい

ーションである。あまりお勧めは出来ないが、入川者は非常に少なく、ある程度の釣果は期待できる。砂防堰堤が4箇所あり、それぞれの直下は大ものねらいとなる。足場が悪い所が多いのが難点である。

●厚畑橋〜小倉沢川出合

国道353号より左折して上流に向かい、200mほど林道沿いの道を進んだ地点で右に見える最初の橋が厚畑橋だ。ここより上流、小倉沢川出合まで道沿いに駐車スペースが何箇所かある。人気河川ゆえ平日、休日を問わず入川者が多いが、それなりの釣果は望めるはずだ。途中に砂防堰堤が2箇所あり、瀬と淵の連続で近年はルアーの方が非常に多い。

釣り人が多い時は、逃げ場として小倉沢川に入ることをお勧めする。淵が主体で渓相は抜群である。小倉ノ滝上にも主にイワナが生息するが、かなり高巻を要するので注意が必要である。

●小倉沢川出合〜砂防堰堤

小倉沢川出合に駐車スペースが数台分

小倉沢出合から上流約500mにある砂防堰堤の流れ。じっくり狙いたいポイントだ

小倉沢川で釣れたイワナ。各枝沢でもサオをだしてみる価値がある

ある。ここから約1㎞上の砂防堰堤までの間の渓相美は素晴らしく、釣り人が絶えない。砂防堰堤直下は絵に描いたようなプールで、何らかのタイミングで大ものが溜まる気配が濃厚なのでじっくりねらいたい。上に林道があるが高巻が大変なので、釣り上がったらそのまま川を引き返すほうが無難である。

●小倉沢川出合上流砂防堰堤～ウツヒ沢出合

小倉沢川に入らず、林道沿いに100mほど直進するとゲートがある。このゲートは例年5月15日くらいまで冬期閉鎖されているので、注意して頂きたい。解禁当初はこのゲート前の駐車スペースに車を停めて上流を目差すことになる。その場合は歩いて砂防堰堤上より入川する。林道横の流れだが、瀬あり淵ありで、やや浅めながらも漁協の放流のおかげで魚影は多い。

林道の冬期閉鎖が解除されれば車で上流に行けるが、駐車スペースはあまりなく、途中落石の危険が多いので注意が必要である。

ウツヒ沢出合上流からは、淵尻で定位している魚を追い立てないようアプローチするのがキモ

●ウツヒ沢出合より上流

林道沿いに流れていた新湯川はやがて離れ、そして林道は山を越えて白砂川方面に延びている。出合上流に砂防堰堤が1箇所あり、そこから500mほど遡行すると高巻可能な滝が現われる。その上流も奥は深く、下流部と同じく瀬あり淵ありのロケーション。先行者がいなければそのまま気持ちよく釣り上がれるが、帰りの時間も考えて4時くらいまでには納竿したほうがよい。

最後に、新緑の季節は釣行がてら山菜採りも楽しめる場所でもあるので、釣りと二刀流の楽しみがある。ただし、普段から釣り人は多いので早朝の入川をお勧めする。クマの生息地でもあるのでクマ鈴等のクマよけグッズの持参も忘れずに。また万が一、他の釣り人とバッティングしそうな場合は話し合い、お互い譲り合いの精神で気持ちよく釣りをして頂きたい。近隣の桜堂沢、日向見川、上沢渡川、反下川へは車で10分程度で行ける。

（小林）

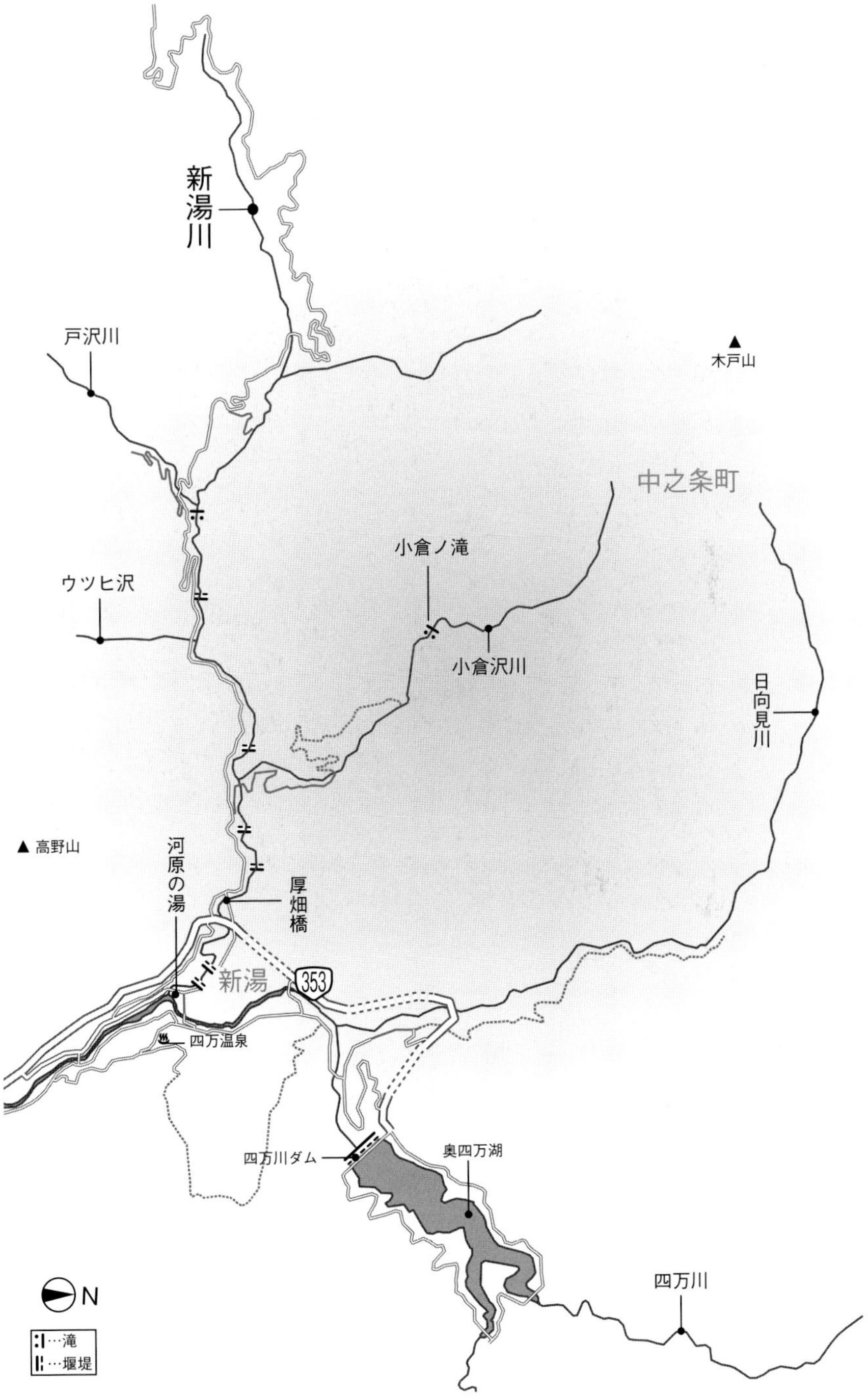

新湯川
戸沢川
木戸山
中之条町
小倉ノ滝
ウツヒ沢
小倉沢川
日向見川
高野山
河原の湯
厚畑橋
新湯
353
四万温泉
四万川ダム
奥四万湖
N
四万川
…滝
…堰堤

利根川水系

片品川《かたしな》

利根川合流までの全区間でヤマメ、イワナがねらえる エサとなる水生昆虫が多く盛夏でも豊富な水量の区間も

利根川合流付近の君河原橋上流の流れ。解禁当初から良型が期待できる

牧水橋上流を望む。変化のある流れが楽しめる

群馬、栃木、福島の県境に位置する黒岩山（標高２１６３ｍ）が片品川の源。水源周辺は２０００ｍクラスの山が連なり、豊富な水量で片品川水系を潤している。県境には尾瀬があるが、尾瀬沼は新潟県阿賀野川の水源。しかし片品川最上流部から尾瀬を目差すルートはハイキング客で賑わい一番人気の入口でもある。そのため最上流部の片品川沿いには尾瀬

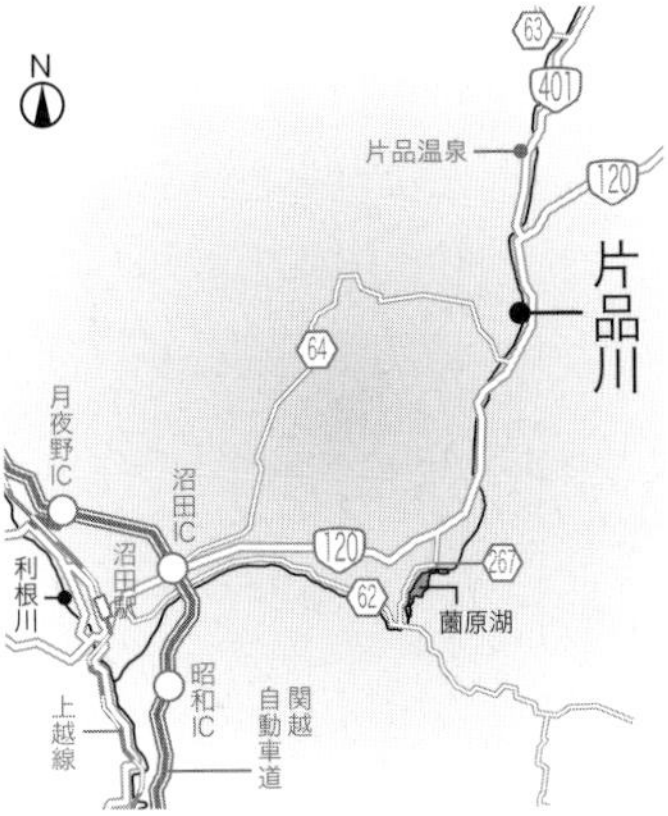

information

●河川名　利根川水系片品川
●釣り場位置　群馬県沼田市～利根郡片品村
●主な対象魚　イワナ、ヤマメ
●解禁期間　3月1日～9月20日
●遊漁料　日釣券2000円・年券9000円
●管轄漁協　利根漁業協同組合（Tel0278-22-4516）
●最寄の遊漁券発売所　セブンイレブン沼田上久屋店（Tel0278-23-7011）、ほかにも付近のコンビニで取り扱いあり
●交通　関越自動車道・沼田ICを降車し国道120号で各ポイントへ。上流部へは片品村より国道401号を利用

へ続く道が走り、アクセスもよく、釣り場としても非常に人気の高いエリア。しかし流程約60㎞の片品川は、利根川に合流するまでの全区間でヤマメ、イワナがねらえる。最上流部も魅力だが、ほかにも充分に魅力的なエリアがある。

ただ、片品川には水力発電の施設がいくつもある。発電に水量をとられて盛夏に渇水となるエリアもあるし、流れをキープしているエリアもある。過酷ともいえるこの環境のもと、渓魚も最良の居場所を求めて移動する。またエサとなる水生昆虫や陸生昆虫も豊富である。それらを予測して釣行プランを立てれば、最良の時期に最良の渓魚に出会え、釣り人の期待を裏切らない。

●利根川合流から関越自動車道・片品川橋の流れ

利根川を往来するヤマメが期待できる場所。解禁当初から良型が期待できるが、5月に入れば上流・薗原ダムからダム放流が始まりかなりの水量になるため、少々サオがだしづらい。しかし6月頃か

栗原川出合付近の渓相を望む。随所にあるコンクリート堰に魚が付いている

関越自動車道の片品川橋周辺の流れ。瀬が中心の渓相が続く

吹割橋下流の流れ。夏場でも豊富な水量でポイントも多い

塗川合流付近で出会えた良型イワナ

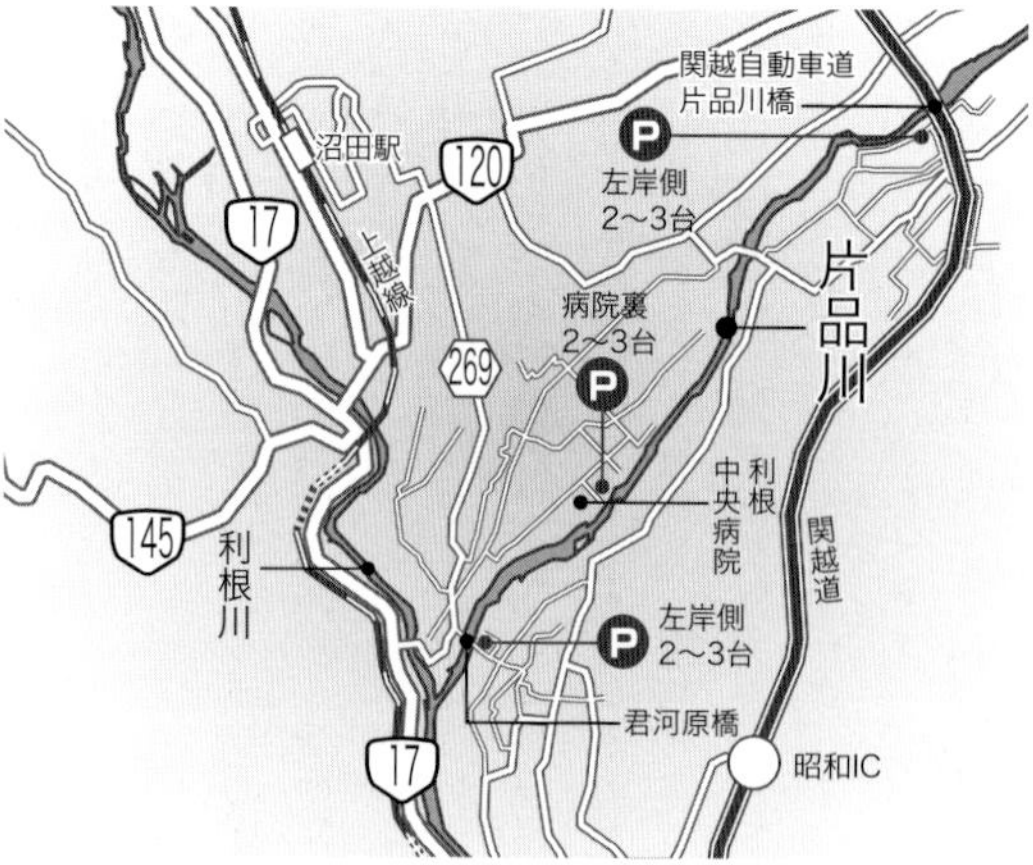

ら水位は落ち着き、ダム放流でさらに筋肉質になったヤマメに出会いやすくなる。君河原橋周辺では左岸の橋のたもとから、右岸なら利根中央病院裏には川沿いに道が続いているので入川しやすい。このエリアは瀬が中心の流れでクロカワなどの川虫も豊富。瀬で掛かるヤマメは良型も期待できる。さまざまな筋を丁寧にねらってみたい。

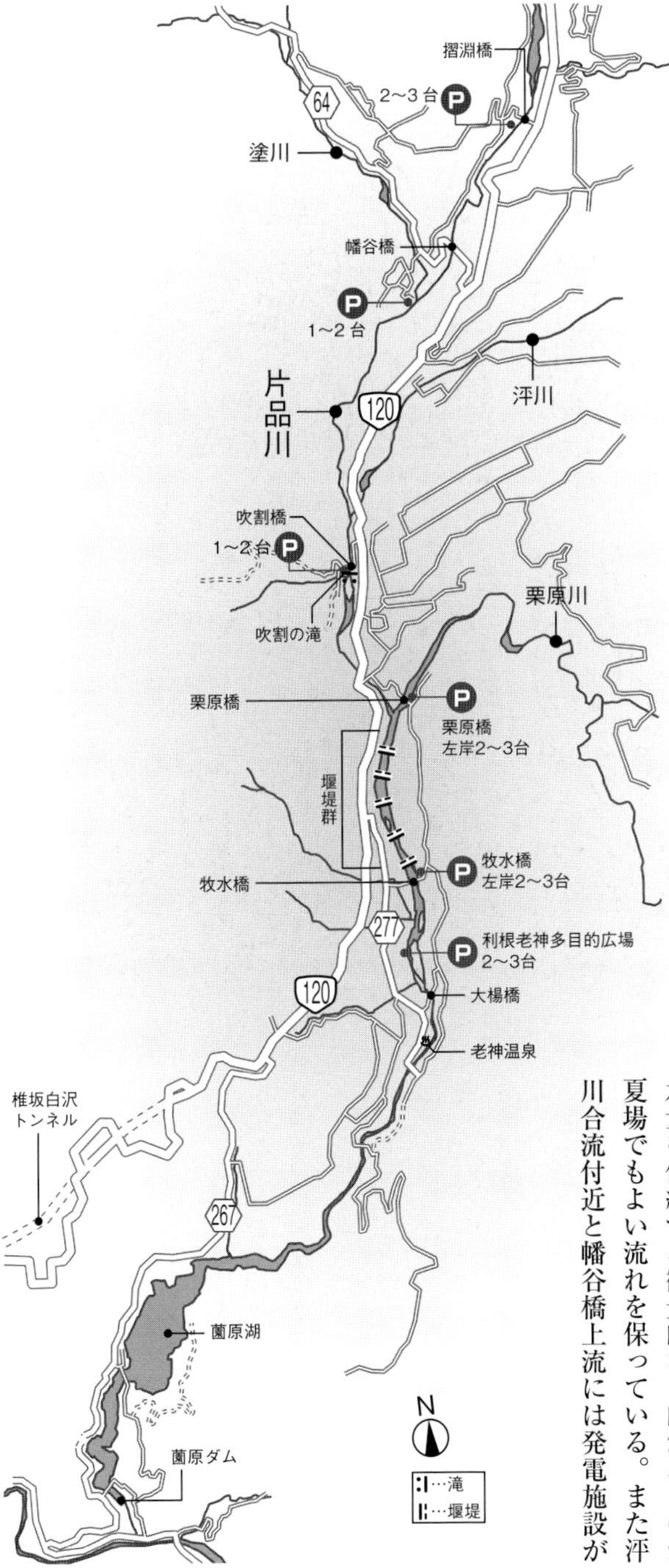

●老神温泉から栗原川出会い

園原湖を往来するヤマメに出会える。入川は大楊橋上流右岸の利根老神多目的広場から、牧水橋左岸のたもと、栗原橋左岸下流側とそれぞれ駐車スペースがある。牧水橋から栗原橋の間はいくつもコンクリート堰があり、自然の雰囲気を損ねるロケーションだが、変化のある流れが多く時間をかけて探ってみたい。

4月頃から支流も含めて雪解け水が入り、5月頃から水温や流れが落ち着き好機となる。仮に先行者がいても、動く魚もいるので、ていねいにねらえば釣果につながり良型ヤマメにも出会えるチャンスが増える。この区間は川沿いに遊歩道が整備され、流れを確認しながら思い思いの場所に入れる。

●吹割の滝以遠

東洋のナイアガラと称される風光明媚な吹割の滝は国の天然記念物および名勝に指定されているので釣りはできないが、滝上流、吹割橋から塗川合流付近まではよい流れが続く。この付近は吹割の滝に水量を供給する観光的な目的があるのか、夏場でもよい流れを保っている。また汗川合流付近と幡谷橋上流には発電施設が

摺淵橋上流の流れ。ここから御座入橋付近までは開けた里川の雰囲気。小規模なコンクリート堰が続く

幡谷橋上流を望む。初期はエサ、水温が上昇するとフライやテンカラに分がある

尾瀬古仲橋付近の流れ（夏撮影）。春先は豊かな流れの中でヤマメ、イワナが顔を出してくれる。

御座入橋から見た流れ。盛夏に撮影したものだが、春先から初夏にかけては豊かな流れが広がる

あり、送水管を伝わって来た水は低水温を維持している。特に塗川合流付近から下流は、両岸が山に挟まれ岩盤と石で形成された落差のある流れが続き、雰囲気満点。期待に応えてくれるかのような良型に出会うこともある。この付近からヤマメとイワナが混生し始める。

さらに上流の摺淵橋、御座入橋付近は開けた渓相になり、小規模なコンクリート堰が続く。太田橋から戸倉大橋までの間は里川の雰囲気。ただ、太田橋から片品温泉付近の区間の堤防には進入に制限のある簡易標識が随所にあり、一時的なものか今後も確認したいところ。

双方の区間とも、解禁当初から初夏にかけて年を越したヤマメとイワナが顔を出すので初期から期待が持てる。しかしこの付近は発電取水に多く水を取られ、初夏に差し掛かる頃から流れに勢いがなくなってしまう。ただし戸倉大橋下流は発電の水が放流され、下の取水口までの約500m間は本流を流れるため盛夏でも豊富な水量を保っている。ここは左岸のグラウンドから入川出来る。

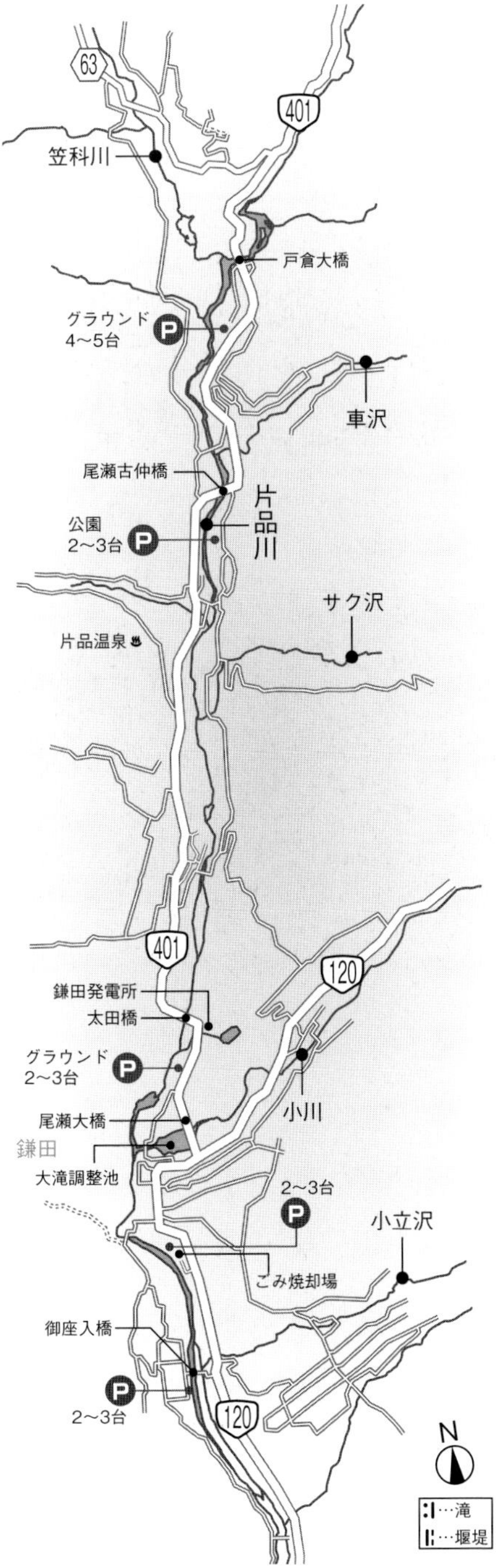

●釣法別アドバイス

全体にいえることだが、水生昆虫が豊富なため、羽化の季節はフライやテンカラが一番お勧めだ。初期こそエサでのアプローチが優勢で、吹割の滝など谷間を流れる場所もあるが、全体的には開けた渓相。日の当たる流れが多く、初期からハッチが日中も見られる。かといって極端に水温が上昇することもない。送水管を伝わり発電と取水を繰り返す流れは、水温上昇の防止にも貢献している感じがする。さらに各支流の流れもあり、夏場の渇水期といえども渓魚の反応がしっかりあるのが片品川の魅力ともいえる。

もちろん下流ではクロカワ虫、上流ではヒラタなどが採取できるため、初夏でもエサのアプローチに反応してくれる。

フライは#3ロッドにカディスやフライングアントが一般的。テンカラは3・6m以上のサオにハリスも含めて6m以上のラインを張りたいところ。逆さ毛バリは水中に沈めるのでドライよりも反応が早いこともある。

ルアーでのアプローチなら、利根川合流から片品川橋と老神温泉付近、塗川合流付近がお勧め。尺上の渓魚はルアーへの反応が早い。かといってむやみやたらなアプローチでは逆効果。他の釣法と違い、ルアーのトレースルートによっては渓魚の警戒心を増すばかりなので、あらかじめアプローチする段取りを考えてからキャストしたい。ルアーは5フィート前後のロッドに3～5gのスプーン、5cm3～5gのフローティング、シンキングミノーでねらってみたい。（反町）

利根川水系

赤《あ》谷《か》川《や》

利根川合流～赤谷湖間は本流差しの大ものも期待 赤谷湖上流は解禁初期がお勧め。盛夏は支流・西川へ

赤谷川は月夜野町（現みなかみ町）で利根川と合流する一級河川。群馬県と新潟県を結ぶ三国街道、現在の国道17号沿いを流れる。赤谷湖より上流は、県境の万太郎山や仙ノ倉山といった谷川連峰2000mクラスの山々が水源となるため谷が深くなり、赤谷川本谷は日本百名谷として知られている。

関口橋下流の流れ。利根川合流からここまでは、本流育ちの素晴らしい魚体が期待できる

●本流遡上と思われる大型イワナも出る下流部

本谷はそれなりの遡行術が必要なため、ガイドなしで気軽に入れる谷ではない。しかし利根川合流から赤谷湖付近は風光明媚な渓谷もあり、魚影も期待できる。その理由は、里川の流れが続きボサが多くなる初夏に川へ入るファンは多くないので、比較的渓魚が守られていること。また利根川の豊富な水量で育ったヤマメやイワナが赤谷川を往来しているということが考えられる。近年の台風や集中豪雨の影響も多少あり、数、型も薄くなってきたとは思うが、渓魚たちの力強

テンカラで出会えたヤマメ。美しい魚体に見惚れる

information

●河川名　利根川水系赤谷川
●釣り場位置　群馬県利根郡みなかみ町
●主な対象魚　イワナ、ヤマメ
●解禁期間　3月1日～9月20日
●遊漁料　日釣券2000円・年券9000円
●管轄漁協　利根漁業協同組合（Tel0278-22-4516）
●最寄の遊漁券発売所　セブンイレブン月夜野下津店（Tel0278-62-0087）、ほかにも付近のコンビニで取り扱いあり
●交通　関越自動車道・月夜野ICを降車し国道17号で赤谷湖方面へ進み上流部へ

い生命力を感じさせてくれるほどアタリに恵まれる日もある。

まずお勧めしたいエリアは利根川合流から関口橋付近。素晴らしい魚体に巡り合えるチャンスがある。特に春先の雪解けダム放流で満たされた流れに、本流から遡上したと思われる大型イワナに出会えるのもこのエリアの特徴。この時期エサでのアプローチならば、8mクラスザオに大ものに備え0・8号以上のハリス、エサはキヂで望みたいところ。また、ミノーを使ったルアーでのアプローチも大型の期待が持てる。初夏に入って流れが落ち着いてくると同時にアタリも遠のき、釣行時期によっては空振りになることもあるので水位の変化を予測しながら望みたい。

その上流には黒岩八景という渓谷がある。赤谷川沿いに見られる、扇岩や衣掛けの松という8つの景勝を持つことからそう名付けられた。約1kmの流れは淵、落ち込み、トロ瀬とどこも大ものを予感させてくれそうな流れだ。この渓谷は途中からの出入りルートがなく、入川は下

関口橋より上流の渓相。シーズン初期に本流から遡上する大イワナが手にできる

小袖橋上流の流れ。ここから渓谷となる黒岩八景が始まる

小袖橋より下流を望む。橋上の左岸から入渓できる

流側からは小袖橋上にある左岸、上流側からは赤谷川大橋下の左岸の2箇所のみ。駐車スペースもある。特段険しい箇所はないが、何度か徒渉しなければ先に進めないので、水量が多い春先から始まる相俣ダム放流時には通しで入ることができない。初夏から盛夏の減水したタイミングで釣行プランを立てたい。

赤谷川大橋から赤谷湖（相俣ダム）までの約7㎞区間は里川の渓相。小型ながら春先からヤマメのアタリが多く、のんびり楽しめる。初夏に差し掛かる頃からボサが増え、ヤマメもボサに隠れながら大型化する印象がある。このエリアは、そんな初夏に入ってからのほうが楽しめる。ボサで川は歩きづらくアプローチも難しいが、入川に苦労するほどではなく、ボサの際から顔を出してくるヤマメも多い。エサ釣りならば、6・1ｍクラスで流れの変化を小刻みにねらえば反応があるはず。クロカワなどの川虫が現地で採取できる。

テンカラやフライ（#3以下）は、流れがタックルにマッチして楽しい釣りが

あいの渡し橋下流の渓相を望む。穏やかな里川の風情

あいの渡し橋上流の流れ。春先からヤマメが期待できるエリアだ

黒岩八景の流れ。約1㎞続く流れは淵、落ち込み、トロ瀬とメリハリのある渓相だ

期待できる。初夏からはダム放流も落ち着いてくるので、日中のハッチも見かける。

　各橋には駐車スペースもあり、堤防が続いている所も多いので、堤防上を歩いて流れを見定めながら入川したい。

●赤谷湖上流

　赤谷湖から上流の赤谷川は解禁初期の釣りに適している。特に川古温泉付近は入川も容易で、開けた渓流が続き遡行も難しくない。しかし盛夏に入る頃から水量が減るうえ、上流部で取水されてしまうためこの付近は痩せた川へ変わってしまう。そんな時は赤谷湖の西側から流入する西川がお勧め。赤谷川のように発電の設備がないため、盛夏でも水量を保っている。ここも赤谷川同様に谷が深く、車道から離れて流れているので入川できる箇所が少ない。川を通して釣り歩くことは困難だが、姉山橋からは釣り上がって行ける。ほどよい場所で引き返す釣りならば、体力の消耗も少ない。西川では元気なイワナに出会える可能性に期待で

夏には渇水してしまう赤谷川上流部の渓相

川古温泉付近は入川も容易で釣りやすい流れが続く

赤谷湖の西側から流入する西川はお勧めの渓

きる。

また赤谷川、西川ともに赤谷湖バックウオーター上下流500mは4月1日から5月30日まで禁漁になるので注意したい。赤谷湖よりも上流部は野生動物の宝庫。赤谷プロジェクト地域協議会、林野庁関東森林管理局、日本自然保護協会が協働して、赤谷川生物多様性復元計画という生物多様性の復元と持続的な地域づくりを目差した取り組みが行なわれている。当然クマもこの地域の住人なので、私たち釣り人は無用の接触を避けるため、クマスプレーや鈴を装備し、単独ではなく仲間と会話しながら自分たちの存在を示したい。

さらに、近年のみなかみ町山間部ではヤマビル被害が報告されているので対策も考えてから望みたい。群馬県HP（ヤマビル対策リーフレット「これで安心・ヤマビル対策」https://www.pref.gunma.jp/07/p13700716.html）などを参考にして頂きたい。

（反町）

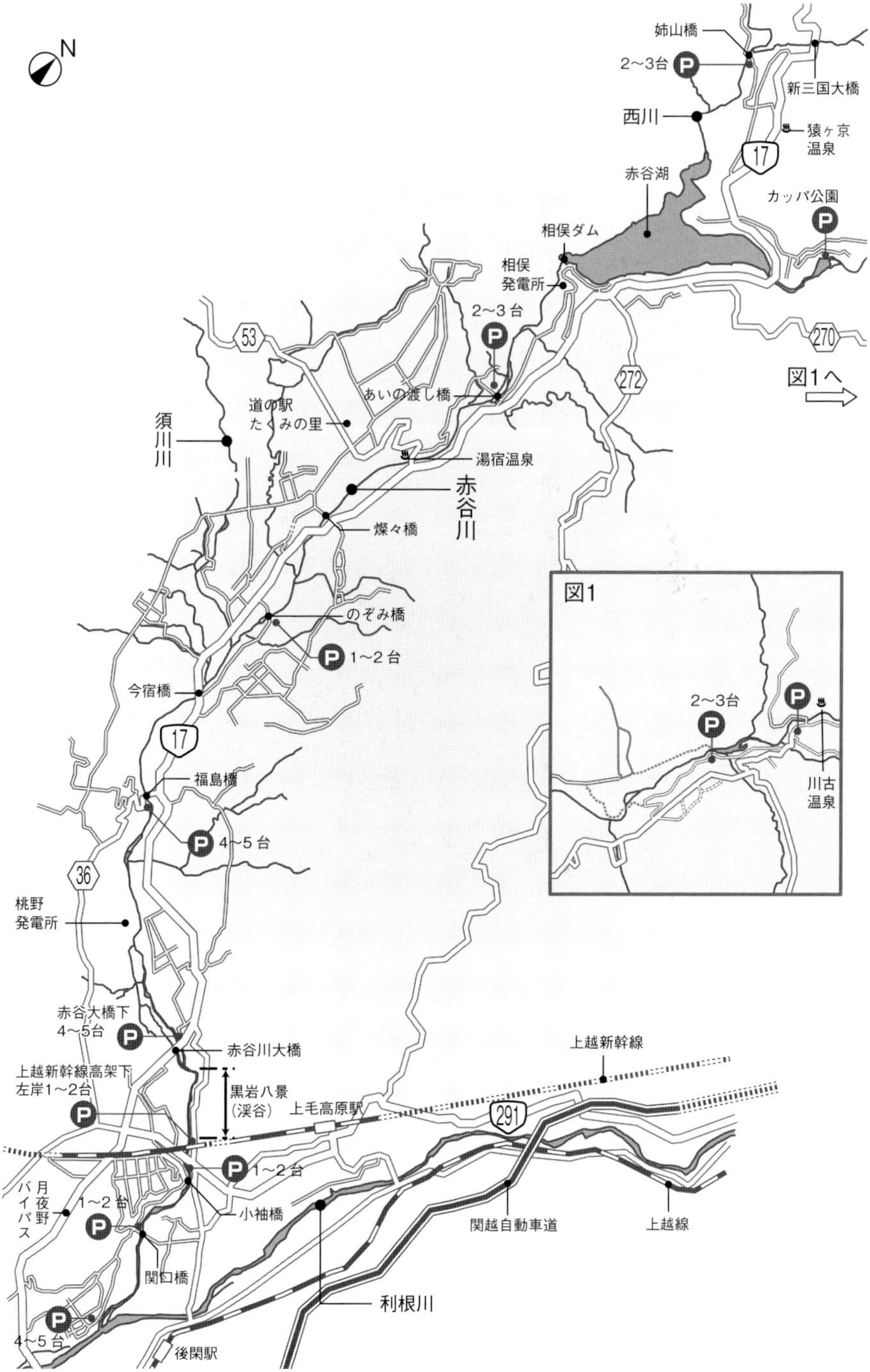
N
姉山橋
2～3台
新三国大橋
西川
猿ヶ京
温泉
17
赤谷湖
カッパ公園
相俣ダム
相俣
発電所
2～3台
53
270
272
図1へ
あいの渡し橋
道の駅
たくみの里
須川川
湯宿温泉
赤谷川
燦々橋
図1
のぞみ橋
1～2台
2～3台
川古
温泉
今宿橋
17
福島橋
4～5台
36
桃野
発電所
赤谷大橋下
4～5台
赤谷川大橋
上越新幹線
上越新幹線高架下
左岸1～2台
黒岩八景
（渓谷）
上毛高原駅
291
1～2台
月夜野バイパス
1～2台
小袖橋
関越自動車道
上越線
関口橋
利根川
4～5台
後閑駅

上流にある砂防堰堤下のポイント。実績が高い。頭の上を関越道が走る

利根川水系

阿能川《あのう》

人工物が多く釣趣には欠けるが入川気軽で魚影も多い 下流部は状況次第で利根川からの本流差しもねらえる

阿能川は名峰谷川岳の西側に源を発し、みなかみ町内を流れ魚影も多く、気軽に入川できる里川渓流。群馬・新潟県境付近の関越自動車道をよく利用する方は、下り車線にある谷川岳ＰＡに休憩で立ち寄ると真っすぐ前に砂防堰堤が見えると思うが、これが阿能川の本流（本谷沢）である。逆に、上り車線からだと新潟方面から関越トンネルを出て谷川岳ＰＡを通過後、左下に阿能川が見える。

下流部は町中を流れ、砂防堰堤が数多く存在するが、それらを自然の滝壺と見方を変えれば魅力的な流れに変貌しないだろうか。エサ・テンカラ・ルアー・フライと釣法を問わず楽しむことができ、漁協も放流に力を入れている。みなかみ町内でも指折りのお勧め河川なのでぜひ足を運んでいただきたい。

●利根川合流点～坂下橋

利根川本流差しもねらえる区間。リゾートマンションや町中を流れていて釣趣には欠けるが、尺オーバーも夢ではない流れの連続である。特に、坂下橋近くの

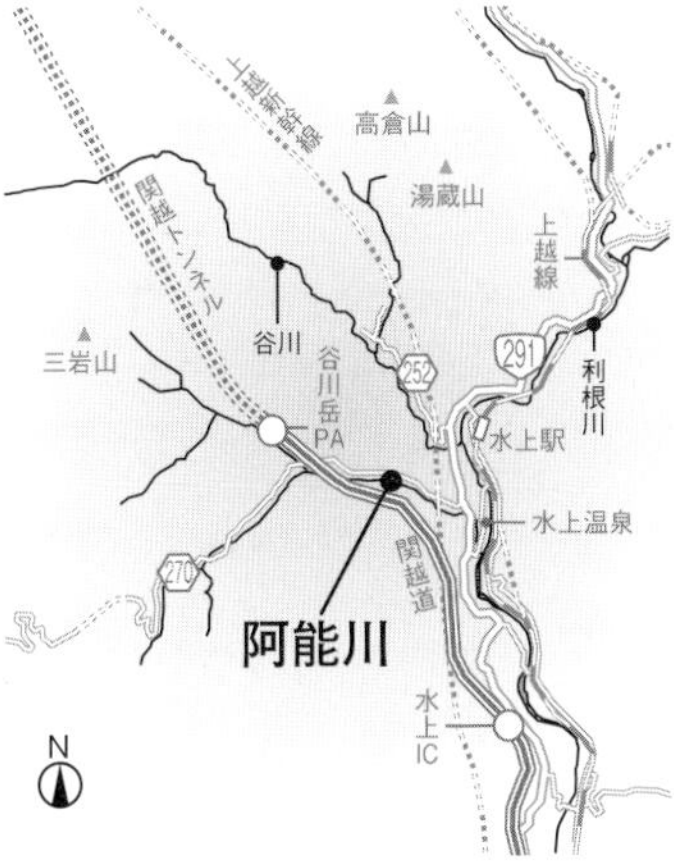

中流域となる四ッ家橋前後の流れ。関越道が見える方向が上流部となる

information

●河川名　利根川水系阿能川
●釣り場位置　群馬県利根郡みなかみ町
●主な対象魚　イワナ、ヤマメ
●解禁期間　3月1日～9月20日
●遊漁料　日釣券2000円・年券9000円
●管轄漁協　利根漁業協同組合（Tel0278-22-4516）
●最寄の遊漁券発売所　セブンイレブン群馬みなかみ町店（Tel0278-72-4711）、付近のコンビニでも取り扱いあり。国道・県道沿いの白いのぼりが目印
●交通　関越自動車道・水上IC降車。国道291号、県道270号で阿能川へ

稲荷滝は町の中で見える滝として見事であるし、大ものの気配濃厚。ただし、サオをだす場合は足場が悪いので充分に注意してほしい。

駐車スペースは所々にある。近隣住民の方の迷惑にならないよう注意して頂きたい。

●稲荷滝上～関越自動車道下

稲荷滝上は両側護岸の流れが300mほど続く。川に降りなくても、護岸の上からでもサオがだせる阿能川イチの人気スポットである。解禁初期は成魚放流が主体で、稚魚放流もなされているので魚影は多い。

また近くに有名なそば処「ひのき」やちょっとした広場があるので、家族連れで賑わう区間でもある。そこを釣り上がると、低い堰堤が2箇所あり、よい魚の付き場となっている。この辺りから頭上に木がせり出してくるので仕掛けのロスに注意が必要だ。

しばらく進むと、高巻しなければならない堰堤がある。その下には尺近い魚が

みなかみ町を流下する渓。下川原橋付近。橋から覗いてみたら尺イワナがいた

上越新幹線の橋を 100m ほど上がると川幅が急激に狭くなる

潜んでいることが多く見逃せない。

堰堤を高巻き、釣り上がるとやはり木がせり出すフラットな流れが続く。その中に小深くなっているスポットをねらうとよい。

●仏岩温泉「鈴森の湯」上流

県道270号沿いに進むと関越自動車道下に砂防堰堤があり、ここも見逃せないポイント。堰堤を高巻き、仏岩温泉を過ぎると、左が瀬入沢、右が阿能川（本谷沢）に分かれる。本谷沢は堰堤の連続ではあるが、良型の実績が高く、その場所だけをじっくりとねらうリピーターも多い。瀬入沢は山岳渓流の趣。淵や落ち込みが連続し、釣り人を飽きさせない。駐車スペースは県道沿いに数箇所ある。

また、あまり混雑しているようであれば、逃げ場としてそのまま県道を15分ほど進むと猿ヶ京方面に抜けられ、赤谷川水系も釣りが可能だ。

阿能川は、利根川本流の逃げ場河川として個人的には非常に重宝している。2020年6月28日、増水で利根川本流

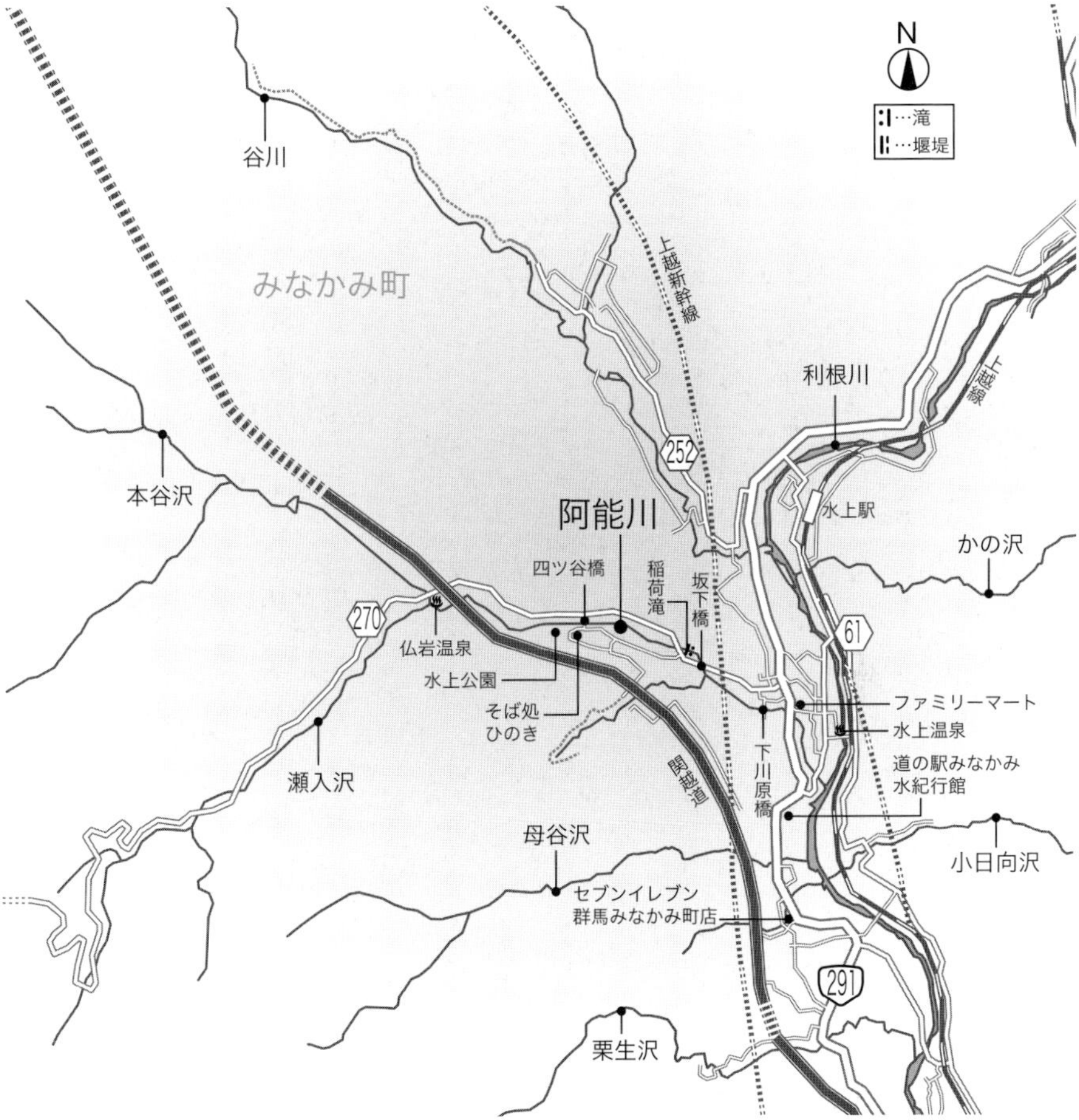

でサオがだせなかった時、阿能川はわずかな増水で逆に魚の活性が上がりよい釣りができた。午後に利根川本流へ戻ってみると濁りが取れており、サオをだすと幸運にも42㎝のイワナを釣りあげることができた。まさにお助け河川である。（小林）

阿能川で釣りをした後に本流へ戻り、テンカラでヒットした42㎝大イワナ

河鹿橋上流の渓相。橋のたもとにも駐車スペースがあり入渓もしやすい

利根川水系

谷川《たにがわ》

名峰谷川岳を水源に湯けむりの里を流れる全長5㎞ほどで利根川に注ぐ「隠れ山岳渓流」

群馬・新潟の県境、数多くの遭難者を出しながらも人々を引きつけて止まない「魔の山」谷川岳。一方で、みなかみ町のシンボルでもある。その谷川岳に水源を発し、谷間をほぼ真っすぐに流れ下り利根川へと注ぐ、全長5㎞ほどの流れが谷川だ。国道291号を車で移動していると、最下流部は大木が視界を妨げ、川の存在に気づかず通り過ぎてしまう人も多いようだ。

温泉街の下を流れる河川ということもあって訪れる釣り人は少なめではあるが、穴場的存在なので、混雑を気にせず楽しめると思う。また、谷川温泉は長い歴史をもつ名湯。日帰り温泉「湯テルメ谷川」は泉質がよく、釣り人にも利用されている。

●利根川合流点〜仙寿庵前

利根川本流差しもねらえる区間。水上IC側から見て、「谷川温泉入口」信号の100mくらい手前を右に利根川方面に下ると、現在はラフティングの発着所になっている広い駐車スペースがある。そ

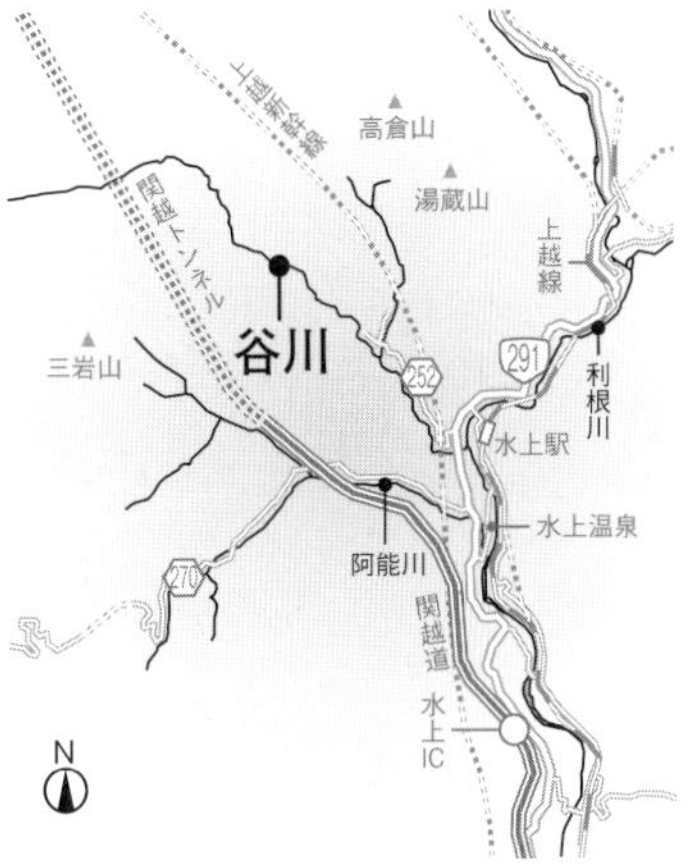

information

●河川名　利根川水系谷川
●釣り場位置　群馬県利根郡みなかみ町
●主な対象魚　イワナ、ヤマメ
●解禁期間　3月1日～9月20日
●遊漁料　日釣券2000円・年券9000円
●管轄漁協　利根漁業協同組合（Tel0278-22-4516）
●最寄の遊漁券発売所　セブンイレブン群馬みなかみ町店（Tel0278-72-4711）、付近のコンビニでも取り扱いあり。国道・県道沿いの白いのぼりが目印
●交通　関越自動車道・水上IC降車。国道291号、県道252号で谷川へ

仙寿庵付近の流れ。所どころ魅力的な淵が点在する

の行き止まりまで進むと奥に見えるのが谷川最下流部なので、ここから入川するとよい。

両側が切り立っていて危険な区間を過ぎると河鹿橋に着く。橋のたもとにも駐車スペースがあるので、ここから入川してもよい。

この先は視界が開け、大きな淵はあまりないが護岸の際や崖のブッツケの深みを中心に釣り上がる感じで、最初の温泉宿・仙寿庵裏に出る。

●仙寿庵前～水上山荘

仙寿庵の先にある遊歩道を利用して入川するとよい。ここから先はやや両側が狭く感じるが、淵が点在し、原生林を縫う流れを釣り上がるイメージ。川に沿って温泉街もあるが、それらはあまり気にならないと思う。旅館の横を通るようなロケーションも一部にあるが、意外にそのような場所のほうが魚影が多い気がするし、時折り9寸クラスが出るので油断はできない。

上流に釣り上がって
行くに従い大岩の点
在するダイナミック
な渓相に変わる

谷川のヤマメ。メリハリのある渓相から飛び出す

このような瀬の中に点在する、少し深い
ピンスポットを探るのだ

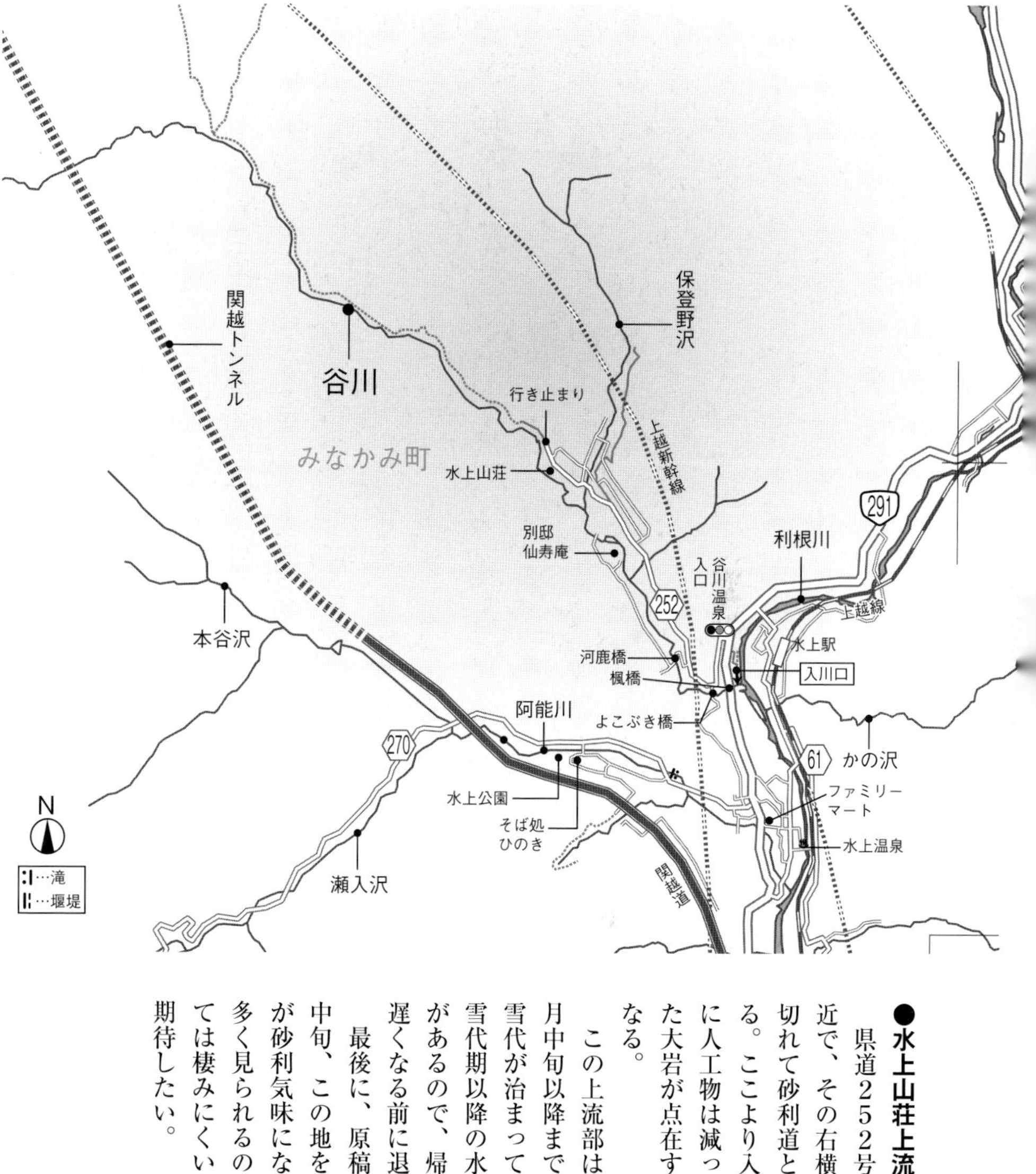

●水上山荘上流

県道252号の最終地点が水上山荘付近で、その右横をまっすぐ進むと舗装が切れて砂利道となり、車止地点に到達する。ここより入川して釣り上がる。次第に人工物は減ってきて、原生林に囲まれた大岩が点在する流れのロケーションとなる。

この上流部は谷川岳直下にあたり、5月中旬以降まで雪代の影響を受けるため、雪代が治まってから入川したほうがよい。雪代期以降の水量は少なめながらも距離があるので、帰りのことも考慮し、夕方遅くなる前に退渓して頂きたい。

最後に、原稿執筆中の2020年9月中旬、この地をゲリラ豪雨が襲い、川底が砂利気味になってしまっている箇所が多く見られるのも事実だ。渓流魚にとっては棲みにくい環境だが、今後の谷川に期待したい。

（小林）

利根川水系

湯《ゆ》檜《び》曽《そ》川

夏でも低めの水温、上流にダムのない変化に富む流れ
本流遡上魚も期待できる利根川合流からの下流部を紹介

幸知橋より下流を望む。橋の右岸に駐車スペースがあるのでアプローチもしやすい

湯檜曽川はクライミングで名高い谷川岳の急峻な斜面を受けて流れ、本谷は日本百名谷に選ばれるほどの険しくも美しい谷。この地から新潟方面へ向かう国道２９１号は未だ点線国道のまま未開通で、自然の厳しさをうかがわせる。またダムもない。突然の雨など、天候によっては一気に水量を集めてしまう危険な川でもある。特に土合橋から上流はひと雨降ったらあっという間に鉄砲水が発生し、注意が必要なエリアだ。したがってクライミングなどの技量も必要になってくる。

幸知橋上流の流れ。ゴールデンウイーク頃からは水量も落ち着きシーズンとなる

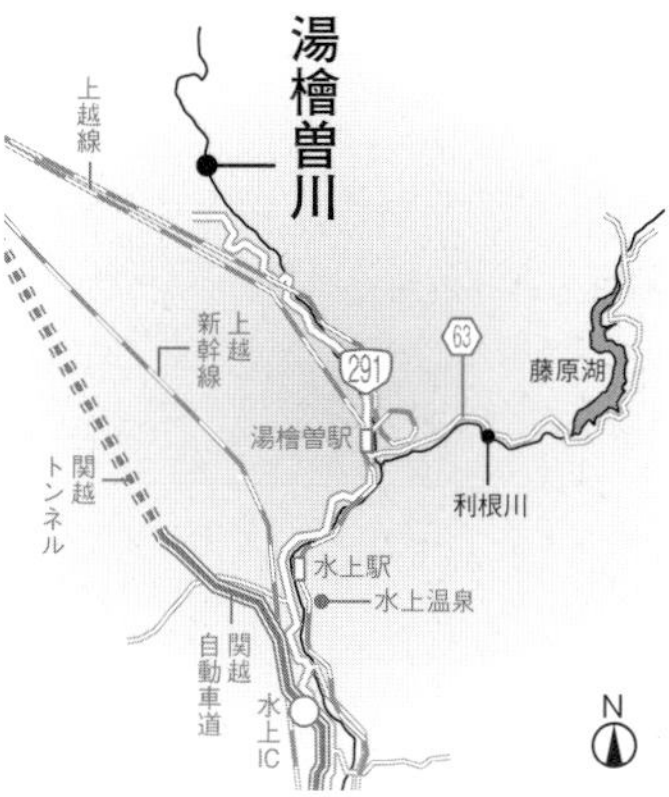

information

●河川名　利根川水系湯桧曽川
●釣り場位置　群馬県利根郡みなかみ町
●主な対象魚　イワナ、ヤマメ
●解禁期間　3月1日～9月20日
●遊漁料　日釣券2000円・年券9000円
●管轄漁協　利根漁業協同組合（Tel0278-22-4516）
●最寄の遊漁券発売所　セブンイレブン群馬みなかみ町店（0278-72-4711）、ほかにも付近のコンビニで取り扱いあり
●交通　関越自動車道・水上ICを降車し国道291号で上流部へ

慣れない方には経験豊富なガイドの案内での釣行をお勧めしたい。

近年、土合橋より入れる駐車スペースも制限され、そのため今回は利根川合流から土合橋までを紹介したい。

●ゴールデンウイーク頃から水量安定

水量に注意が必要な湯檜曽川だが、増水した流れがあっという間に引けるのもこの川の特徴。特に初夏からの通り雨などでは、流れの引き始めから活発にヤマメやイワナが動き出す。釣行時そんな天気に見舞われてしまったら、あきらめずに減水のタイミングを意識しておきたいところ。この付近の標高は600mほどだが、目の前に迫る標高2000mクラスの山々から一気に流れ落ちるため水温は夏場でも低い。

このような顔のほかに湯檜曽川は、また別の特徴をもっている。それは、利根川は湯檜曽川合流部より上流にダムがいくつもあり、年間を通して水量調節がなされているため、時期によっては湯檜曽川のほうが本流筋だと思わせるほどの水

湯檜曽橋より上流の流れ。国道に渓が沿うので入川はしやすい

湯檜曽橋より下流の流れを望む。ダイナミックな渓相が楽しめる

ホテル湯の陣下流の渓相。駐車スペースもあり入渓するのに最適だ

量をたたえているということ。特に盛夏はそれが顕著になる。利根川上流のダム群が盛夏から治水の運用になると本流にはほぼ流れがなく、湯檜曽川と水量の勢いが逆転する。もともと魚影が多い湯檜曽川だが、降雨の影響もあり盛夏も利根川本流から往来している渓魚は意外と多いのでは？　と感じている。その利根川合流部から湯檜曽川の好釣り場が始まる。

　まずは幸知橋の右岸に駐車スペースがあるのでアプローチしてみたい場所。春先ならば利根川から遡上してきたと思われる、体高のあるイワナに出会えるチャンス。また雪解けの流れに磨かれた良型ヤマメも期待できる。春先の水量によっては利根川合流付近まで近づくことはできないが、要所要所の落ち込みやエグレで、本流から差して来たような良型に出会える時もあるのでていねいに探っていきたい。

　釣り歩くことが困難なほど流れが豪快な場所もあるが、ゴールデンウィーク頃からは水量も落ち着きを見せ、蒸し始めた温い空気と谷川岳から流れ出る冷たい

ホテル湯の陣上流の流れを望む。長い瀬や淵、砂防堰堤など変化に富む

赤沢との出合付近の流れを見る。湯檜曽川らしい渓相が続く

赤沢合流から上流の流れ。河畔林に囲まれた雰囲気ある渓相が続くがクマにも気を付けたい

水の対比の中、気持ちよい釣りが楽しめる。

湯檜曽橋付近から上流は、国道沿いに川が流れているので入川しやすいが、湯檜曽温泉の宿泊施設や住宅地がある付近での駐車は控えたい。ホテル湯の陣入口や赤沢合流付近には充分な駐車スペースがあるのでそこを拠点にして上流側、下流側とアプローチしてみたい。この付近は長い瀬や淵、砂防堰堤など変化に富んだ場所が多いので終日楽しめる。幸知橋と赤沢付近は、夏場は格好の水遊びとBBQスポットとして賑わい早朝以外は釣りどころではなくなってしまうが、ファミリーやカップルでの日中のんびり釣行ならば、気持ちよく過ごせる場所。

赤沢出合より上流から土合駅までは、国道沿いには駐車スペースとなる路側帯がいくつもあり、川へ続くケモノ道が要所にある。この付近は大きな石も落差のある流れも増えて湯檜曽川らしい渓相を見せてくれる。初期ならば落ち込みやエグレに潜む良型イワナを意識したい。初夏からは流れの筋を基本に、ヒラキなど

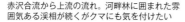

土合駅より上流の流れ。一見平坦そうに見えるがすぐ落差のある渓相に変わる

赤沢合流付近にある砂防堰を望む

土合駅付近の流れ。大石と落差のある渓相を見せる

でヤマメやイワナがエサを待っているので不用意に近づかず、ポイントとの距離を意識して望みたい。

この付近はダイナミックな渓相と河畔林にも囲まれて、視覚でも楽しませてくる。自然に溶け込みたい気持ちにさせてくれるのだが、空にも目を配りたい。近年、夕立も多くなってきたので初夏からの釣行は、雲行きが怪しくなっていないかどうかを常に注意確認したい。またクマの生息エリアでもある。クマスプレーや鈴を装備し、単独ではなく仲間と一緒に、会話をしながらこちらの存在を野生動物にアピールして釣りたい。

●釣法別アプローチ

エサ釣りでは、解禁当初はオニチョロなどカワゲラ類の川虫エサがよいのだが、流れの状態によっては採取するのが難しい。キヂやブドウ虫も持参しておきたい。サオは流れの奥にも対応できるような6・1mクラスのズーム式が便利。大ものと出会えるチャンスもあるので、想定よりも太いイトで望みたい。

初夏からのお勧めはやはり毛バリ。透明度が高いので渓魚に警戒されないように、テンカラの場合はラインを長めにセットしたい。私は4・5ｍクラスのテンカラザオに、ハリスも含め8ｍほどのラインで望んでいる。フライならばカディスやアントのドライを基本にしている。

近年は集中豪雨や台風で毎年流れの表情が変わる湯檜曽川。しかし全体が土砂で埋まった流れになるのではなく、新たな岩がむき出しになったりエグレたり盛り上がったりと、ダムなし川だからこその自然の変化を見せている。

最後に、近年のみなかみ町山間部ではヤマビル被害が報告されているので対策も考えてから望みたい。群馬県ＨＰ（ヤマビル対策リーフレット「これで安心・ヤマビル対策」https://www.pref.gunma.jp/07/p13700716.html）などを参考にして頂きたい。

（反町）

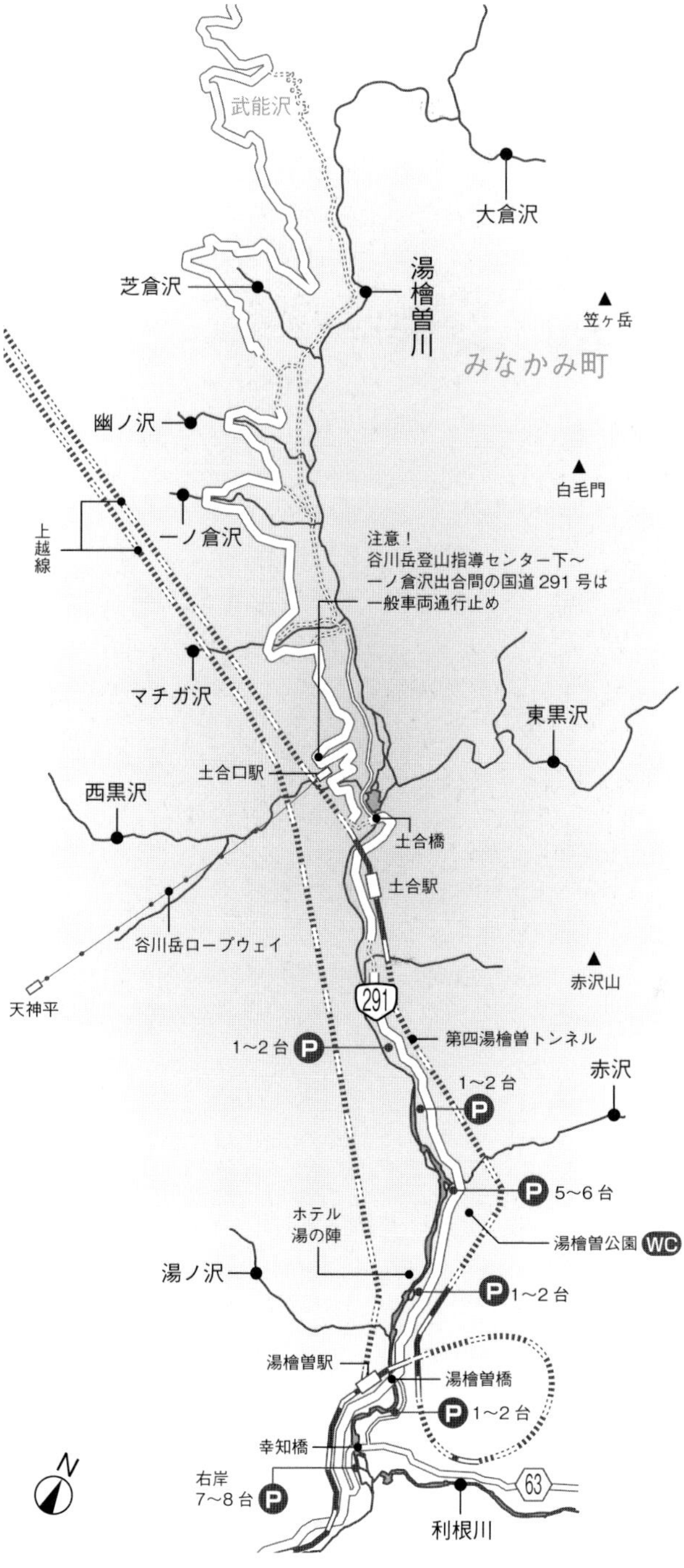

利根川水系

宝《たから》川

下流部はダムから差してくる大ものの気配濃厚
上流部は渓泊まりも楽しめる山岳渓流

最下流のポイントとなる藤原ダム合流点の渓相。本流差しがねらえる区間だ

群馬・新潟の県境、朝日岳に水源を発する宝川。釣り場となるのは、藤原ダム・バックウオーターより最上流・ナルミズ沢上流までの区間である。豪雪地帯なので、好機となるのは残雪が消える5月下旬以降。支流の代表河川に板幽沢があるが、本命はやはり宝川本流である。

●藤原ダム合流点〜宝川温泉

藤原ダムの奥利根橋を渡り、ダムの水位にもよるが、最下流部はダム差しがねらえる区間でもある。雪代が収まる5月下旬からがねらいめとなる。合流から約1㎞の区間は大岩が点在する流れ。以前、親グマとはぐれた子グマが川の横にいたことがあり、逃げようにも崖の連続であわててしまったことがあったが、大ものの気配は濃厚だ。

釣り上がって行くと、やがて宝川山荘と汪泉閣が両岸に並び立つ間を通過することになる。観光客の視線を浴びながらのロケーションであまりお勧め出来ないが、入川者は非常に少なくある程度の釣果は期待できる。

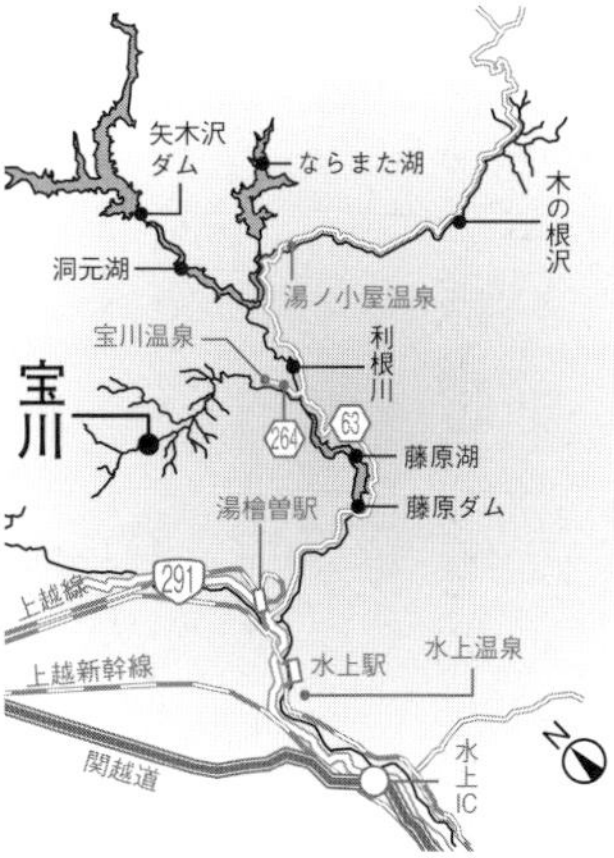

information

●河川名　利根川水系宝川
●釣り場位置　群馬県利根郡みなかみ町
●主な対象魚　イワナ、ヤマメ
●解禁期間　3月1日～9月20日
●遊漁料　日釣券2000円・
年券9000円
●管轄漁協　利根漁業協同組合
（Tel0278-22-4516）
●最寄の遊漁券発売所　セブンイレブン群馬みなかみ町店（Tel0278-72-4711）、付近のコンビニでも取り扱いあり。国道・県道沿いの白いのぼりが目印
●交通　関越自動車道・水上IC降車。国道291号、県道63号で藤原ダムを渡り宝川へ

宝川温泉上流はこのような流れのポイントが続く

●宝川温泉上～板幽沢出合

宝川温泉の先に上流に向かう林道があり、自己責任により通行可能となっているようである。釣り人や登山の方はよく利用している。宝川温泉上流に入る場合は、林道入口に駐車スペースがあるのでそこに駐車し、足場に注意しながら川へ降りる。林道直下を遡行するイメージで、所々に木がせり出しているが、瀬と淵、落ち込みの流れが1㎞ほど続くと視界が広がる。林道下にできたカーブのブッツケや深みが好ポイントになっている場合が多い。そのようなロケーションが1㎞ほど続くと、また木がややせり出す感じのフラットな流れとなる。

林道はかなり奥まで整備されており、残雪が消える5月中旬以降は何箇所かの駐車スペースに必ず釣り人の車が停まっている。途中、山の斜面を工事した箇所が目につくが、全体的には原生林を縫う流れを釣るイメージである。

●板幽沢出合から上流

上流に行くほど雪代の影響を受けやす

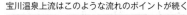

くなるので、6月下旬以降の入川をお勧めする。前記した林道を利用してプチ源流釣りを楽しめる区間であるが、渓泊まりする場合は充分な装備で望んで頂きたい。上流部は山菜の宝庫でもあるので、新緑の季節は楽しみが倍になる。

最後に、釣りを終えた後は日帰り入浴施設の宝川山荘を利用するもよし、旅行気分を満喫したいなら汪泉閣に宿泊するのもよしである。また、私自身もそうだがクマと出くわす機会が非常に多い地域なので、クマよけグッズは忘れずに携行したうえで、素晴らしい釣行の一頁を飾って頂きたい。（小林）

板幽沢出合下流のポイント。分流の深みにも魚は定位しているので見逃せない

白泡の深みにも意外といい魚が付いているので侮れない

宝川温泉上の林道下のポイント。ブッツケの淵尻に魚が定位しているのでアプローチは慎重に

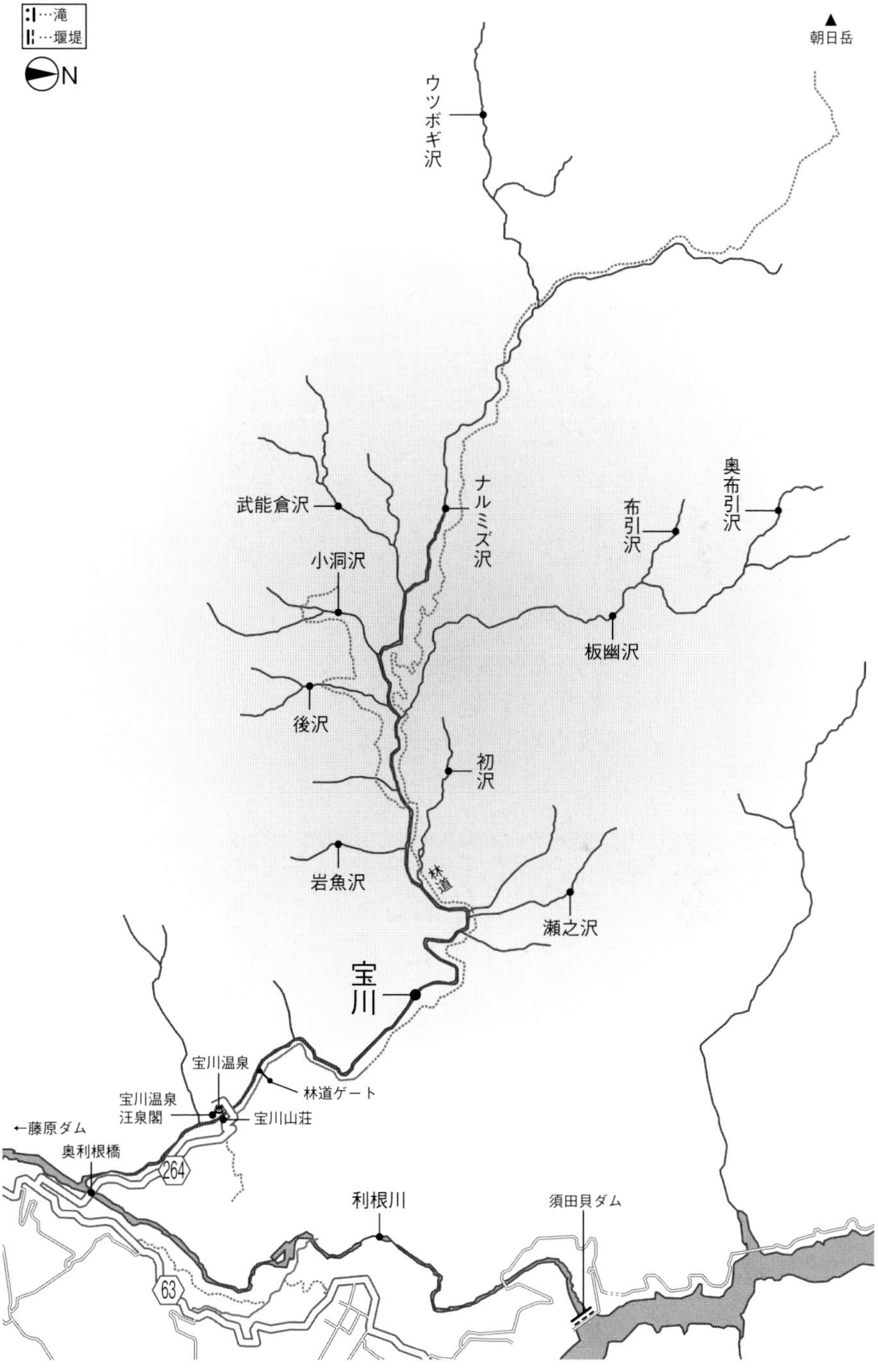
…滝
…堰堤
N
朝日岳
ウツボギ沢
武能倉沢
ナルミズ沢
奥布引沢
布引沢
小洞沢
板幽沢
後沢
初沢
岩魚沢
林道
瀬之沢
宝川
宝川温泉
林道ゲート
宝川温泉
汪泉閣
宝川山荘
←藤原ダム
奥利根橋
264
利根川
須田貝ダム
63

利根川水系

木《き》の根《ね》沢

県道沿いの自然豊かな流れ 温泉宿やキャンプを組み合わせた釣行も楽しい

中流域に連続して現われる、木の根沢の代名詞となっている滝の1つ、時雨の滝前の流れを望む

木の根沢の水源は、西山から坤六《こんろく》峠へと続く尾根の西側となる。流れは西へ進み、奈良俣ダムのすぐ下流で洞元湖へと流入する利根川水系の人気釣り場だ。下流部には湯ノ小屋温泉があり宿が連なるため、宿街を抜けたゲート付近から上流が釣り場となる。下流部ではヤマメも混じるが中上流部はイワナ釣り場となる。

釣り場は県道63号が右岸に沿っているため、ポイントを変えるにもすぐに移動が可能だ。釣り場の全長は9㎞以上となるので、先行者がいた場合は大きく移動

下流域で釣れた良型イワナ。ヤマメの釣果も手にできる

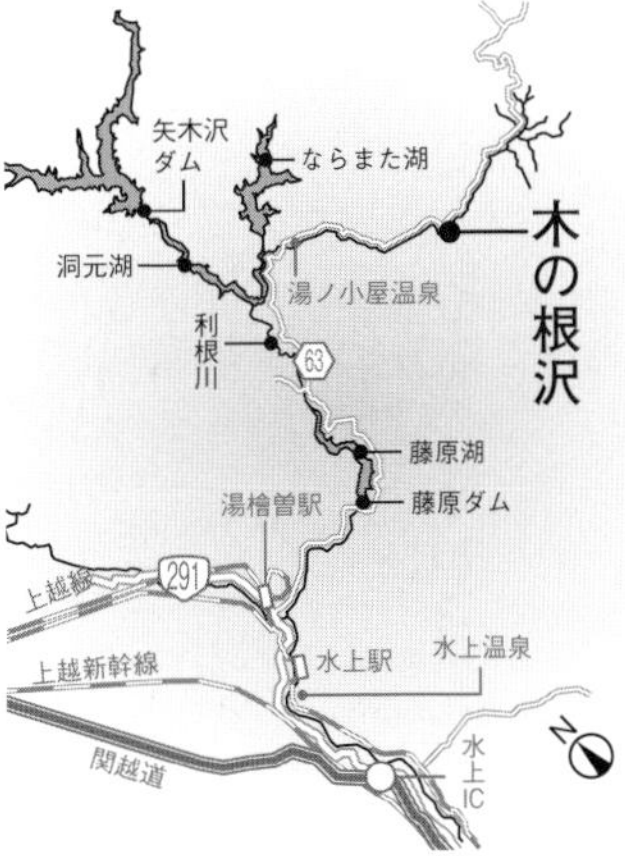

information

●河川名　利根川水系木の根沢
●釣り場位置　群馬県利根郡みなかみ町
●主な対象魚　イワナ、ヤマメ
●解禁期間　3月1日～9月20日
●遊漁料　日釣券2000円・年券9000円
●管轄漁協　利根漁業協同組合（Tel0278-22-4516）
●最寄の遊漁券発売所　セブンイレブン群馬みなかみ町店（Tel0278-72-4711）、付近のコンビニでも取り扱いあり。国道・県道沿いの白いのぼりが目印
●交通　関越自動車道・水上IC降車。国道291号、県道63号で湯ノ小屋温泉方面へ

しよう。

県道は例年降雪のため冬季通行止めとなる。閉鎖期間は長く、車が入れるようになるのは6月頃からとなるのであらかじめ確認したい。もちろん通行止めが解除されてすぐはチャンスである。

●下流部

ゲート付近の流れは水量も水深もある。木の根沢の特徴として、河原が少ないため川通しの遡行が多くなり注意が必要だ。また押しの強い流れからは良型が期待できるので、ていねいに探りたい。右岸から入る戸沢との合流近くに須原警報局と書いてある小さな小屋があり、入渓の目印となる。

咲倉沢出合も下流部では分かりやすい入渓ポイントとなる。出合すぐ下流には堰堤があり、少し粘ってみてもよいだろう。堰堤上流は平坦な流れが少し続くが、すぐに大岩を配した岩盤混じりの流れとなる。ここから先、湯ノ小屋取水堰堤までは、道路にすぐ上がれないため注意が必要だ。

手小屋橋付近の渓相。手小屋沢出合付近から道路との高低差も少なくなってくる

咲倉沢との出合下流にある堰堤付近の流れ。粘ってみたいポイントだ

鼓の滝を望む流れ。滑床が道路沿いに広がる

翡翠の滝を望む。付近は駐車スペースもあって入渓しやすい

●中流部

左岸から手小屋沢を合流する付近でようやく道路との高低差も少なくなってくる。この先は木の根沢の代名詞となっている滝が次々に楽しませてくれる渓相となる。登れない滝は、無理をせずに道路までいったん戻り安全に通過しよう。手小屋橋から上流にかけては灌木が頭上に張り出してくるところも多くなる。

翡翠の滝下流の道路沿いに照葉峡風景林と書かれた看板があり、駐車スペースもあって入渓しやすい。この付近になると滝と滝の間の渓相も穏やかさが出るようになる。水量も減ってきて遡行もしやすくなってくるので、初心者の方はこのあたりから上流部でサオをだすのがよいだろう。

鼓の滝上に入渓すると、滑床が道路沿いに広がり、すぐに大石を配した流れが続くようになる。不断の滝や時雨の滝など、左岸からの滝も目を癒してくれる区間だ。道路に上がる場所も多く、また分かりやすい。そのため入渓者も多いのだが意外と魚影は見られる区間だ。ただし小型が多いので、釣って楽しむにはお勧めという意味で、良型をねらう場所ではない。

●上流部

照葉橋付近までくると水量もかなり少なくなってくる。ポイントも小さくなりボサも多くなる。エサ釣りならチョウチン仕掛でねらいたい。やがて群馬県自然の森野営場の下流にある新しい堰堤を迎える。木の根沢の釣り場としてはこの付近までとなるだろう。これより上流は細流となり、数本の沢に枝分かれしていくが種沢としてそっとしておきたい。

全体的にみると下流部は数よりは型ねらい、上流部は型より数ねらいといった具合で、好みの釣りに合わせて入渓してもらいたい。中上流部では小型のイワナ

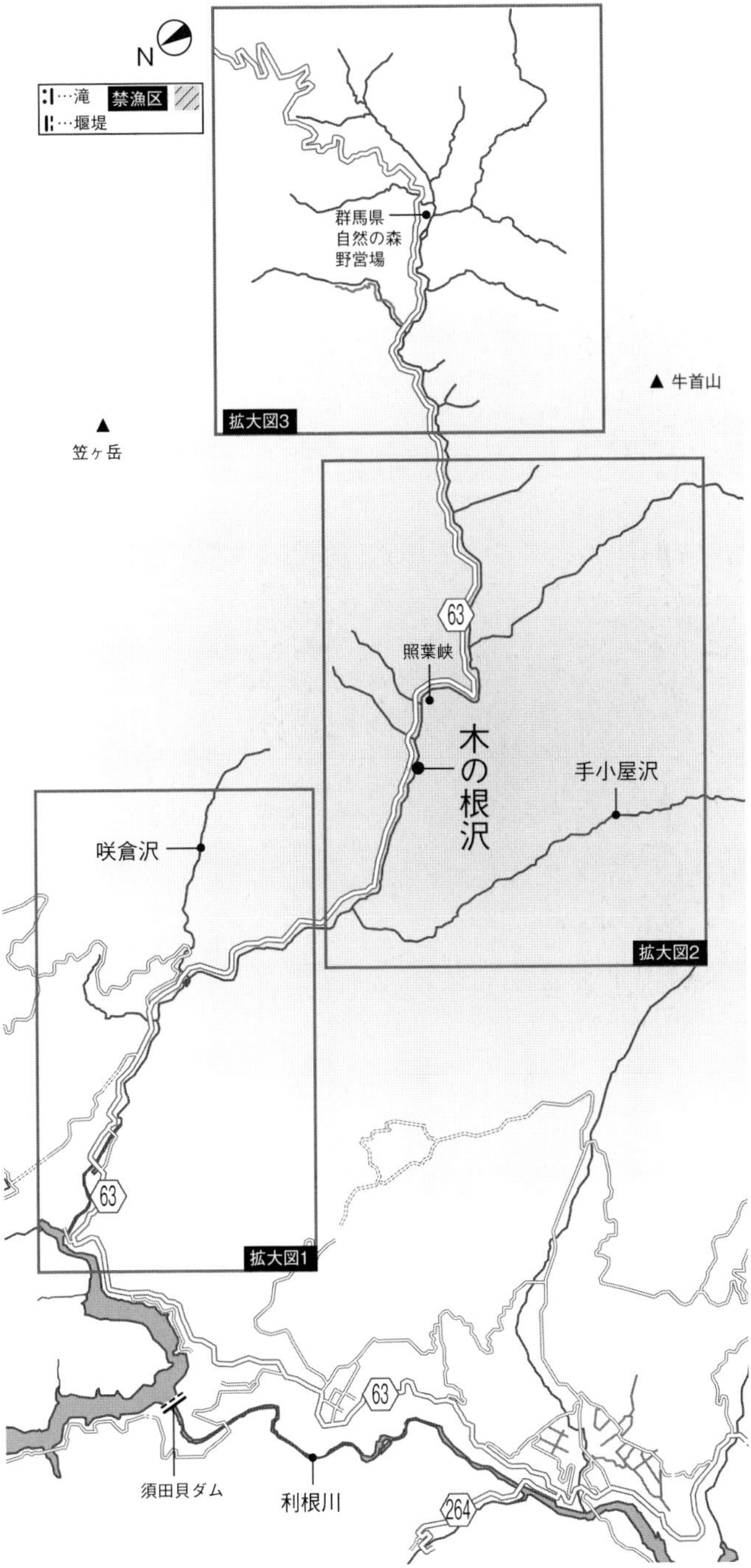

翡翠の滝下流の道路沿いにある照葉峡風景林看板付近の流れ

時雨の滝上流付近。大石を配した流れが続く

照葉橋の上流にある群馬県自然の森野営場。トイレもあり無料でキャンプ場として利用できる

が多く、釣れた時はていねいにリリースを心掛けたい釣り場だ。

照葉橋の上流には群馬県自然の森野営場がある。管理人などはおらず、無料で利用できるためありがたい。トイレも完備されている。水道はなく、利用する際は準備をしっかりとしたい。キャンプを組み合わせた釣りも楽しいと思う。最下流の湯ノ小屋温泉は日帰り入浴も可能だ。釣りの疲れをいやして帰路に就くのもお勧めだ。また最寄りのICは水上ICとなるので、水上温泉を利用して帰るのもよいだろう。

注意点としては、観光の車やバイクの往来が多いので道路を歩く際は注意したい。また県道沿いとはいえ、コンクリート護岸されているためどこでもすぐ道路に戻れるわけではない、特に下流部は、自分の技量を考えて入退渓点を確認してから釣り始めてもらいたい。最後にもう1つ、筆者は取材時クマに遭遇している、道路沿いでも油断はしないほうがよいだろう。

（大沢）

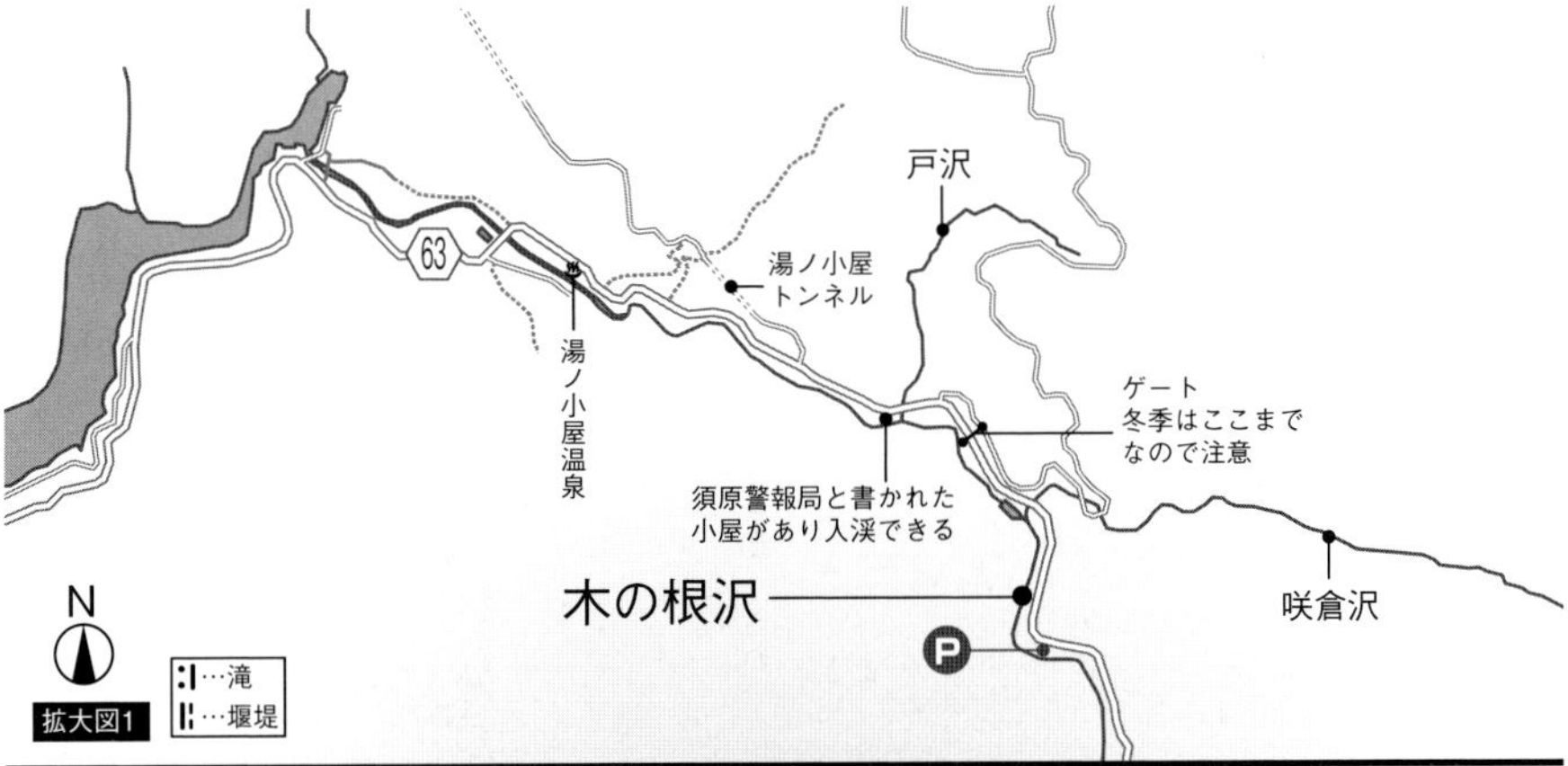
63
湯ノ小屋温泉
湯ノ小屋トンネル
戸沢
ゲート
冬季はここまで
なので注意
須原警報局と書かれた
小屋があり入渓できる
木の根沢
咲倉沢
P
N
…滝
…堰堤
拡大図1

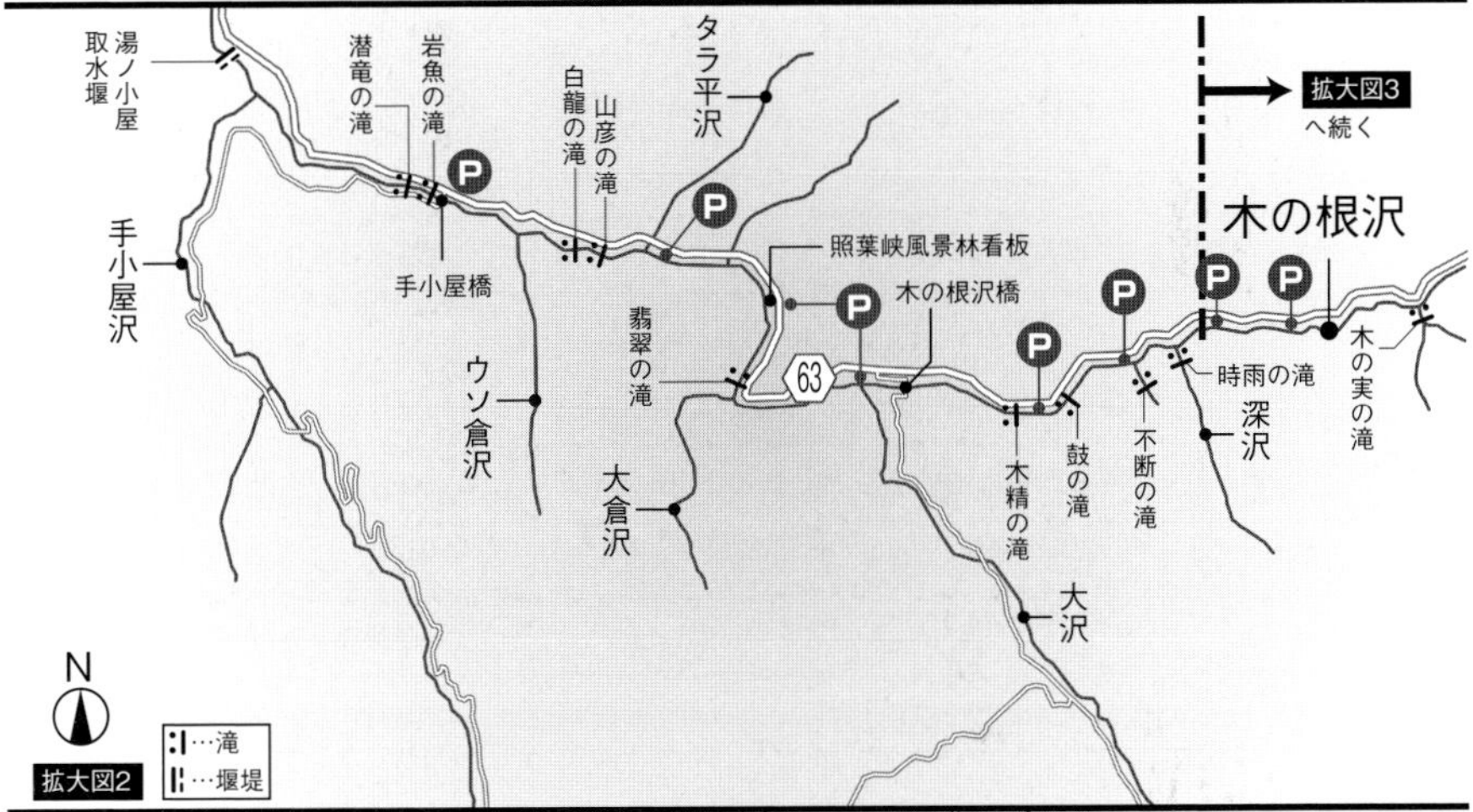
湯ノ小屋取水堰
潜竜の滝
岩魚の滝
白龍の滝
山彦の滝
タラ平沢
拡大図3
へ続く
手小屋沢
手小屋橋
照葉峡風景林看板
木の根沢
木の根沢橋
ウソ倉沢
翡翠の滝
63
時雨の滝
深沢
木の実の滝
大倉沢
木精の滝
鼓の滝
不断の滝
大沢
P
N
…滝
…堰堤
拡大図2

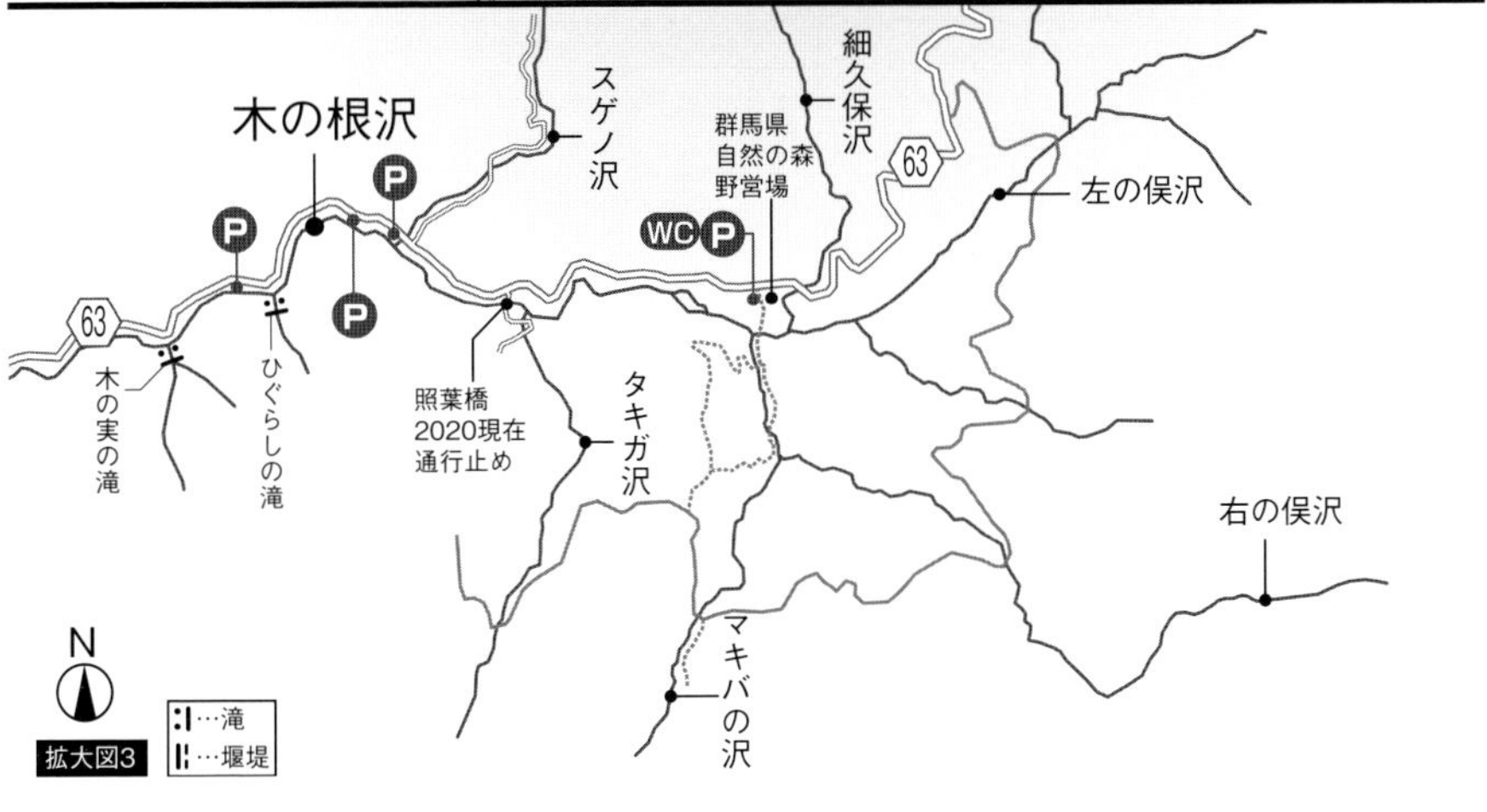
木の根沢
スゲノ沢
細久保沢
群馬県
自然の森
野営場
63
左の俣沢
WC
P
63
木の実の滝
ひぐらしの滝
照葉橋
2020現在
通行止め
タキガ沢
右の俣沢
マキバの沢
N
…滝
…堰堤
拡大図3

令和版 栃木・群馬「いい川」渓流ヤマメ・イワナ釣り場

掲載河川情報一覧（2020年度）

河川名	漁協名	TEL	解禁日
大川	那珂川北部漁業協同組合	0287-54-0002	3月1日～9月19日
箒川	塩原漁業協同組合	0287-32-2264	4月第1日曜日～9月19日
大蛇尾川	那珂川北部漁業協同組合	0287-54-0002	3月1日～9月19日
粕尾川	粕尾漁業協同組合	0289-83-0543	3月14日～9月19日
大芦川	西大芦漁業協同組合	0289-74-2629	3月29日～9月19日
大谷川	栃木県鬼怒川漁業協同組合	028-662-6211	3月1日（日光地区4月1日）～9月19日
男鹿川	おじか・きぬ漁業協同組合	080-2263-8884	3月21日～9月19日
湯西川	湯西川漁業協同組合	0288-98-0252	4月第2日曜日～9月19日
コザ池沢	川俣湖漁業協同組合	0288-96-0035	4月第1日曜日～9月19日
利根川（最下流）	東毛漁業協同組合	0270-26-1143	3月1日～9月20日
利根川（下流）	群馬漁業協同組合	027-221-6712	3月1日～9月20日
利根川（中流）	阪東漁業協同組合	0279-24-1343	3月1日～9月20日
利根川（上流）	利根漁業協同組合	0278-22-4516	3月1日～9月20日
渡良瀬川	両毛漁業協同組合	0277-32-1459	3月1日～9月20日
桐生川	同　上	同　上	3月1日～9月20日
小黒川	同　上	同　上	3月1日～9月20日
神流川	上野村漁業協同組合	0274-59-3155	3月1日～9月20日
烏川	上州漁業協同組合	027-322-3041	3月1日～9月20日
駒ヶ沢川	吾妻漁業協同組合	0279-75-4114	3月1日～9月20日
新湯川	同　上	同　上	3月1日～9月20日
片品川	利根漁業協同組合	0278-22-4516	3月1日～9月20日
赤谷川	同　上	同　上	3月1日～9月20日
阿能川	同　上	同　上	3月1日～9月20日
谷川	同　上	同　上	3月1日～9月20日
湯桧曽川	同　上	同　上	3月1日～9月20日
宝川	同　上	同　上	3月1日～9月20日
木の根沢	同　上	同　上	3月1日～9月20日

●執筆者プロフィール（50 音順）

天海　崇
栃木県在住。渓流歴 26 年。アカサカ釣具店勤務、フライ担当。渓流釣りのモットーは現場主義でありたい。

井上　聡
群馬県在住。渓流釣り歴は 45 年。渓流釣りのモットーは「釣楽一生」。『本流倶楽部　渓夢』会長。

大沢　健治
埼玉県在住。小学校に上がる頃から釣りが趣味。大学卒業後、釣り好きがこうじて大手釣り具チェーンに就職し 20 年以上務める。海川問わずいろいろな釣りをするが中でも渓流のエサ釣り・テンカラが好き。現在はフリーとなり、毛バリの販売や釣り関係の原稿を執筆。ホームの秩父をチェックしながら県外の渓流釣り場も見直し始めている。

小林　和則
群馬県在住。渓流釣り歴は 40 年。源流から本流まで渓流魚の大きさにこだわらず、記憶に残る駆け引きを楽しみたい。『NFS（ノジマフィッシングスクール）』常務理事・全国渓流部長。

斉田　昌男
埼玉県在住。渓流釣り歴は 30 年。源流釣りを好み、渓宴会が好き。『渓道楽』所属。

反町　工健
群馬県在住。渓流釣り歴はおよそ 25 年。本流域を得意とするが、盛夏は山岳渓流でテンカラ三昧。渓流シーズン以外ではエギングやロックフィッシュなど、ルアーフィッシングにもハマっている。

高木　優也
栃木県在住。渓流釣り歴は 25 年。コンディションのよい魚が多い中下流域の開けた河川での釣りを好む。

髙野　智
埼玉県在住。源流の大自然と幽玄な雰囲気に魅せられて２５年。渓魚と焚き火と写真を愛し、各地の源流を訪ね歩いている。『渓道楽』会長

本宮　和彦
栃木県在住。渓流釣り歴は 25 年。 1日1尾で満足な釣り人生を楽しんでおります。『宇都宮渓遊会』所属。

令和版《れいわばん》　栃木《とちぎ》・群馬《ぐんま》「いい川《かわ》」渓流《けいりゅう》ヤマメ・イワナ釣《つ》り場《ば》
2021年3月1日発行

編　者　つり人社書籍編集部
発行者　山根和明
発行所　株式会社つり人社

〒101－8408　東京都千代田区神田神保町1－30－13
TEL 03－3294－0781（営業部）
TEL 03－3294－0766（編集部）
印刷・製本　図書印刷株式会社

つり人社ホームページ　https://www.tsuribito.co.jp/
つり人オンライン https://web.tsuribito.co.jp/
釣り人道具店　http://tsuribito-dougu.com/
つり人チャンネル（You Tube）
https://www.youtube.com/channel/UCOsyeHNb_Y2VOHqEiV-6dGQ

乱丁、落丁などありましたらお取り替えいたします。

ISBN978-4-86447-364-4 C2075